The History
of
the World
in
Bite-sized Chunks

世界文明
5000年

[英] 艾玛·玛丽奥特(Emma Marriott) 著
陶尚芸 译

中国友谊出版公司

图书在版编目（CIP）数据

世界文明 5000 年 /（英）艾玛·玛丽奥特著；陶尚芸译. — 北京：中国友谊出版公司，2021.2

书名原文：The History of the World in Bite-sized Chunks

ISBN 978-7-5057-5052-4

Ⅰ.①世… Ⅱ.①艾… ②陶… Ⅲ.①世界史 Ⅳ.① K1

中国版本图书馆 CIP 数据核字 (2020) 第 218466 号

著作权合同登记号图字：01-2020-6952

Copyright © Michael O'Mara Books Limited 2012, 2016
Authorised translation from the English language edition published by The Michael O'Mara Books Limited, and arranged through CA-LINK International LLC

书名	世界文明 5000 年
作者	[英] 艾玛·玛丽奥特
译者	陶尚芸
出版	中国友谊出版公司
发行	中国友谊出版公司
经销	新华书店
印刷	河北鹏润印刷有限公司
规格	880×1230 毫米 32 开 6.5 印张 129 千字
版次	2021 年 2 月第 1 版
印次	2021 年 2 月第 1 次印刷
书号	ISBN 978-7-5057-5052-4
定价	42.00 元
地址	北京市朝阳区西坝河南里 17 号楼
邮编	100028
电话	(010) 64678009

前　言

　　这本书试图将上下五千年的世界历史浓缩成一本薄薄的小册子。我们的全球历史庞大而复杂，在这本书里，我们将它分解成无数个简单易懂的"小块"，以便大家能够"一口一口地吃掉"。

　　此外，我们还着重介绍了世界的早期文明和古代帝国，跳出了老生常谈的欧洲史，探索一段标新立异的世界史。

　　本书罗列了家喻户晓的欧洲史和北美洲历史，从古希腊的辉煌和诺曼入侵的荣耀，到美国独立战争和华尔街危机，应有尽有。我们还深入研究了远东、非洲、中东、大洋洲和美洲的历史和民族，尽管内容简短（本书特色），但也突出介绍了巴基斯坦的印度河文明、中国的唐朝、北非的库施王国和波斯皇帝纳迪尔沙。

　　每一段历史都简洁而全面，既自成一体、独立成章，又相互关联、互为补充。每一个章节，我们都尽量让它多囊括一些内容（至于哪些内容应该保留，哪些内容应该舍去，我也曾犹豫不决）。本书还交叉引用了其他的历史和事件，因为，如果不是源自于过去经历的改变和塑造，那就不能称其为历史。

我们从世界上最早的文明开始，这些文明鲜为人知，却对今天的生活产生了巨大的影响。用历史学家J.M. 罗伯茨（J.M. Roberts，20世纪英国牛津大学历史学教授）的话来说："遥远的历史仍然困扰着我们当下的生活和思想。"此外，本书涵盖了五千四百多年的世界历史（截止1945年），分章阐述了中东和非洲、欧洲、美洲、远东和大洋洲的史况。书中出现的国家和城市，大部分用的是现称，也有一些保留了旧称，为的是让读者感觉更舒适和亲切。

我们在书中努力删掉一些令人困惑的历史，保留一些关键的史实——从大规模的迁徙和冲突，到辉煌灿烂的昔日成就以及人类顽强生存的无数例子——这一切依然影响着我们当下的思想，并成就了今天的我们。

艾玛·玛丽奥特

在此特别感谢各位的支持：希拉里·斯特罗（娘家姓拉金）、林赛·戴维斯、大卫·伍德罗夫、安娜·布热赞塞维奇、格雷格·史蒂文森、安德鲁·约翰、夏洛特·巴肯、多米尼克·恩莱特和格伦·萨维尔。

目 录

第一章　早期王国和文明

（公元前3500年~公元前800年）

❧ 中东和非洲

苏美尔文明 / 003

古埃及：古王国 / 004

古埃及：中王国和新王国 / 005

古巴比伦王国 / 006

赫梯王国 / 008

亚述 / 009

腓尼基 / 010

❧ 远东

印度文明 / 011

吠陀时代和印度教 / 012

早期的中国文明 / 014

欧洲

米诺斯文明 / 015

迈锡尼文明 / 016

美洲

奥尔梅克文明和查文文明 / 017

第二章　古代世界

（公元前 800 年～公元 450 年）

中东和非洲

阿契美尼德王朝 / 021

帕提亚帝国 / 022

萨珊王朝 / 023

希伯来人和他们的"唯一真神" / 024

基督教的诞生 / 025

库施王国 / 027

迦太基时代 / 028

远东

佛教 / 029

孔雀王朝和笈多王朝、印度的黄金时代 / 031

中国的秦朝、汉朝和孔子 / 032

❖ 欧洲

伊特鲁里亚人和罗马的建立 / 033

古希腊与民主的诞生 / 034

亚历山大大帝和希腊化时代 / 036

罗马共和国 / 037

罗马帝国 / 038

凯尔特人 / 039

❖ 美洲

秘鲁文化 / 040

美洲的其他文化 / 041

第三章 中世纪

(450年~1066年)

❖ 中东和非洲

阿克苏姆帝国、加纳帝国、班图人的迁徙 / 045

伊斯兰教的诞生 / 046

阿拔斯王朝 / 047

法蒂玛王朝 / 048

❖ 远东

中国的黄金时代 / 049

日本大化革新 / 050

伽色尼王朝 / 051

欧洲

拜占庭帝国 / 052

蛮族入侵 / 053

基督教的发展 / 056

法兰克王国和查理曼大帝 / 057

维京人（北欧海盗）/ 058

斯拉夫人和马札尔人 / 059

东西教会大分裂 / 060

美洲

墨西哥特奥蒂瓦坎城、瓦里和蒂瓦纳科帝国 / 061

玛雅人 / 062

玛雅文化 / 063

托尔特克人 / 064

第四章　世界民族大迁徙

（1050年~1700年）

中东和非洲

伊斯兰教穆拉比特王朝和穆瓦希德王朝 / 069

西非的马里帝国和桑海帝国 / 070

西非诸国、大津巴布韦和斯瓦希里海岸 / 071

葡萄牙人探险和大西洋奴隶贸易 / 072

塞尔柱土耳其人 / 073

十字军东征 / 074

奥斯曼帝国的崛起 / 075

奥斯曼帝国：复兴与衰落 / 077

波斯萨非王朝 / 078

远东

日本的统一 / 079

蒙古帝国 / 080

帖木儿王朝 / 082

黑死病 / 084

中国明朝 / 085

印度莫卧儿王朝和锡克教 / 086

欧洲

封建制度和诺曼征服 / 087

商业的发展 / 088

英法百年战争 / 089

文艺复兴 / 090

宗教改革和反宗教改革 / 091

欧洲的探险和贸易帝国 / 093

　　君主专制统治：查理一世和路易十四 / 094

美洲

　　阿兹特克人 / 095

　　印加人 / 096

　　西班牙征服者 / 098

　　新法兰西 / 099

　　欧洲在北美的殖民地 / 100

大洋洲

　　欧洲人在太平洋诸岛的探索 / 101

第五章　革命和欧洲帝国主义

（1700年~1900年）

中东和非洲

　　奥约帝国和阿散蒂王国 / 105

　　欧洲人探索非洲内陆 / 106

　　奴隶贸易和废除奴隶制度 / 107

　　瓜分非洲 / 108

　　非洲南部 / 109

　　纳迪尔沙统治波斯 / 110

远东

中国清朝的鼎盛时期 / 111

英国统治印度 / 112

中国鸦片战争和太平天国运动 / 114

日本明治维新 / 116

欧洲

俄罗斯的崛起 / 117

18世纪的战争和普鲁士王国 / 118

启蒙运动时期 / 119

法国大革命 / 120

拿破仑战争与维也纳协议 / 121

工业革命 / 122

工业社会、马克思主义和工人运动 / 123

近东问题和克里米亚战争 / 125

人口迁徙 / 126

民族国家的崛起 / 127

美洲

美国独立战争 / 128

西班牙属美洲殖民地的独立 / 129

北美扩张和"昭昭天命" / 130

美国南北战争 / 131

❖ 大洋洲

詹姆斯·库克船长和欧洲在澳大利亚的殖民地 / 133

欧洲在新西兰和太平洋岛屿的殖民地 / 134

第六章 新世界秩序
（1900年~1945年）

❖ 中东和非洲

抵抗欧洲殖民统治 / 139

南非统一和埃塞俄比亚帝国 / 140

奥斯曼帝国的解体 / 141

巴勒斯坦与犹太复国主义运动 / 142

❖ 远东

义和团运动和1911年辛亥革命 / 143

日本的崛起 / 144

中国内战 / 145

印度独立 / 146

❖ 欧洲

三国协约和军备竞赛 / 148

第一次世界大战爆发和西线战场 / 148

东线战场和其他战区 / 150

第一次世界大战结束 / 151

西班牙流感 / 154

女性参政权 / 154

俄国革命和苏联崛起 / 156

墨索里尼和意大利法西斯主义 / 157

希特勒和纳粹德国 / 158

西班牙内战 / 159

第二次世界大战 / 160

第二次世界大战结束 / 161

日本投降和犹太人大屠杀 / 163

美洲

"咆哮的 20 年代"、经济大萧条和罗斯福新政 / 164

拉丁美洲的发展 / 167

大洋洲

澳大利亚联邦和新西兰自治领 / 168

地理示意图列表 / 171
参考书目 / 173
索引 / 175

文明从远古走来,一直来到你的身边……
——《世界文明 5000 年》出版后记 / 189

第一章

早期王国和文明

（公元前3500年~公元前800年）

中东和非洲

苏美尔文明

大约在公元前5000年,一群农户在美索不达米亚平原(希腊语中意为两河之间的土地,主要位于今伊拉克境内)南部被称为"苏美尔"的肥沃土地上定居下来,于是,世界最早的文明——苏美尔文明——就在这个不起眼的地方诞生了。苏美尔人生活在底格里斯河和幼发拉底河流域之间的河谷,他们种植了大量的小麦和其他农作物。由于有了剩余的粮食,他们便过起了稳定的生活。苏美尔人还用剩余的粮食与居住地远在今天的巴基斯坦和阿富汗的人们交换金属和工具,再用这些工具在肥沃但易受洪水侵袭的土地上挖了纵横交错的河道沟渠,作为排水通道。

公元前3000年,苏美尔人居住的地区出现了许多城邦,其中最大的是乌尔,有四万人口。苏美尔人还发明了已知最早的文字:最初是象形文字,然后逐渐演变成一系列简化的楔形符号,是用芦苇茎在泥板上刻成的文字(后来被称为"楔形文字",拉丁语为cuneiform)。苏美尔人还建立了复杂的行政和法律制度,发明了带轮子的车和陶工旋盘,建造了巨大的塔庙建筑和带有圆柱的圆顶大厦。

公元前2350年，阿卡德（位于苏美尔北部的一个古老王国）国王萨尔贡建立了苏美尔第一大王朝。他将所有的苏美尔城邦都统一了起来，疆土从叙利亚一直延伸到波斯湾。这个王朝于公元前2200年灭亡，但是，公元前2150年之后，乌尔王重建了苏美尔王权，并征服了阿卡德。公元前2000年左右，埃兰人（苏美尔东部的一支文明）入侵并洗劫了乌尔王朝，从此，苏美尔沦陷于亚摩利人（闪米特人中的一支文明）的统治，并由此产生了伟大的巴比伦城邦。

古埃及：古王国

非洲最早的文明始于公元前5000年，他们定居在非洲大陆东北部的尼罗河谷。现在人们认为，这些早期的定居者来自撒哈拉，而距此2000年前，就有人生活在撒哈拉。在气候变化把撒哈拉变成沙漠之前，非洲的第一个农业社会已经形成了。同样的气候变化也使尼罗河流域的沼泽干涸，使它对务农者更具吸引力。

公元前4000年中期，尼罗河流域人口稠密，城镇不断发展，该地区分裂为两个埃及王国。传统的埃及纪年法告诉我们，公元前3200年，法老（统治者）美尼斯统一了埃及的两个王国，建立了统一的国家，一个三千年文明由此开始，标志着纪念碑式陵墓建设项目和埃及文化的繁荣。

古埃及最早的时期，被称为"古王国"（大约公元前2575年～公元前2130年），由多位强大的法老统治，经历了科技、艺术和建筑的重大发展。在当时，象形文字得以发展，大狮身人面像和吉萨金字塔得以建造（成千上万的普通埃及人死于繁重的建筑劳动）。金字塔是法老去世后的归宿，这与对太阳神拉的膜拜密切相关。金字塔呈喇叭状，就像太阳的光线，为已故的国王提供了通往众神的阶梯。

古埃及：中王国和新王国

古埃及有一段稳定的时期，被称为"中王国"（大约公元前 1938 年～公元前 1630 年），这段时期古埃及经历了一个世纪的严重干旱、饥荒和中央政府的垮台。

此后，埃及法老们通过巩固边境，增加农业产量，开采大量矿产资源（还重新占领了富含采石场和金矿的努比亚北部），恢复了国家的繁荣与稳定。这个时代因珠宝和金匠的设计而闻名。对死亡兼重生之神欧西里斯的崇拜也传遍了埃及。当时的人们相信，每个人（不仅仅是法老）死后都会受到众神的欢迎。

宏大的建筑和矿产项目，以及尼罗河沿岸的严重洪灾，这些削弱了法老在埃及的权力，使外国殖民者（主要是希克索斯人，他们可能来自巴勒斯坦）夺取了统治权。从青铜经济向铁器经济的转变也导致了法老势力的衰落。随后是"新王国"时期（大约公元前 1539 年～公元前 1075 年），当时，法老们重新建立了统治权，埃及的影响力扩展到叙利亚、努比亚和中东。这一时期是埃及历史上公认的最伟大的篇章，建造了许多伟大的庙宇，包括帝王谷的彩绘陵墓。这一时期还出现了一些最著名的埃及法老，包括埃及第 18 王朝女王哈特谢普苏特和少年法老图坦卡门。

公元前 1070 年，埃及最后一位大法老拉美西斯三世去世之后，埃及分裂成几个小王国，并逐渐走向衰落。公元前 719 年左右，库施人征服了埃及，并以法老的身份统治埃及，直到公元前 656 年，他们被亚述人赶回自己的边境。继亚述人的统治之后，公元前 525 年，埃及被波斯人征服，公元前 332 年，被亚历山大大帝占领，最后，公元前 30 年，沦入罗马人的统治之下。

古巴比伦王国

美索不达米亚的政治权力最终北移至阿卡德的巴比伦城，因此，整个平原都被纳入巴比伦王国的疆土。巴比伦第一王朝大约开始于公元前 1894 年，持续了 300 年左右，在汉谟拉比国王（公元前 1795 年～公元前 1750 年）的统治下，其影响力达到了顶峰。

在汉谟拉比统治时期，巴比伦王国扩张到包括美索不达米亚南部的所有地区（包括苏美尔和北部亚述的部分地区）。汉谟拉比以制定已知世界上第一部法律《汉谟拉比法典》和促进科学和学术而闻名。

汉谟拉比死后，巴比伦王国衰落。从公元前 1595 年开始，赫梯人控制了巴比伦，然后，加喜特人（来自巴比伦东部的山民）统治了巴比伦，建立了一个长达 400 年的王朝。在这段时间里，

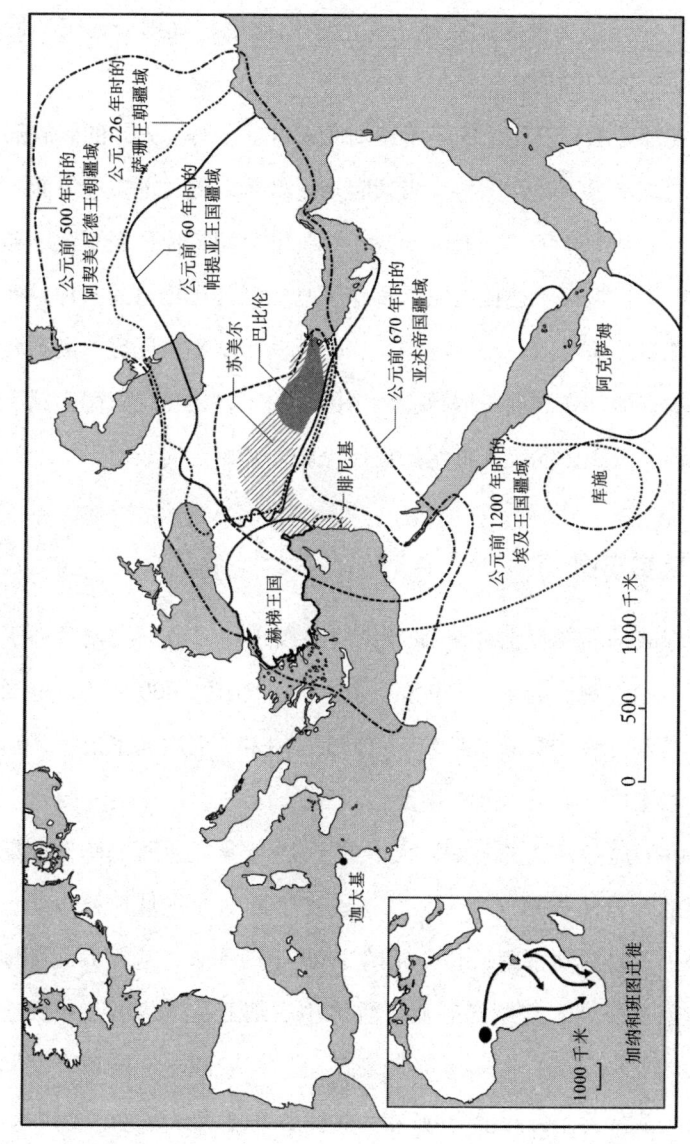

地理示意图 1 古代帝国：非洲和中东（大约公元前 3500 年～公元前 60 年）

亚述脱离了巴比伦,一场争夺巴比伦控制权的斗争持续了几个世纪。公元前9世纪,亚述王统治了巴比伦,直到公元前7世纪末,亚述帝国灭亡。

在那之后,巴比伦沦陷于迦勒底人(一个鲜为人知的闪族部落)的统治之下,帝国再次繁荣起来,最著名的是尼布甲尼撒二世(公元前604年~公元前562年)统治时期。他征服了亚述和巴勒斯坦,振兴了巴比伦城,重建了马杜克(巴比伦的主神)神庙,建造了著名的"空中花园"。公元前539年,巴比伦遭到波斯人的侵略,在波斯王居鲁士大帝的统治下,巴比伦王国走到了尽头,但直到公元前4世纪,巴比伦城才开始走向衰落。

赫梯王国

好战的赫梯民族是青铜时代的强权之一,他们控制了今天土耳其和叙利亚的大部分地区,统治时间长达1000多年。赫梯王国的疆土在公元前1450年~公元前1200年达到了最大,可以与巴比伦、亚述以及古埃及相匹敌。

我们对赫梯人的了解,大多源于1906年在土耳其哈图萨斯发现的一万块楔形文字泥板。这些文字和一些古城遗迹表明,赫梯王国是封建部落,在公元前3000年后不久,从黑海北部地区向南扩张到了安纳托利亚(也称小亚细亚),也就是今天土耳其的亚洲部分。赫梯人是骑着战马、驾着战车、配着青铜匕首的好战部落。公元前2000年,赫梯各部落统一成为一个国家,首都是哈图萨斯。早期的赫梯国王哈图西里一世（公元前1650年~公元前1620年）入侵了叙利亚，他的继任者穆尔西里一世洗劫了巴比伦，但后来被人杀害，赫梯王国也随之灭亡。

公元前1450年，又崛起了一个更强大的赫梯王国。公元前1380年，伟大的赫梯国王苏庇路里乌玛建立了一个帝国，跨越叙利亚，几乎至迦南（今天的以色列）。到其后裔穆瓦塔里斯时期，埃及法老和赫梯王国开始争夺叙利亚的统治权，于是，公元前1300年，拉美西斯二世和穆瓦塔里斯之间展开了激烈的战争，也就是著名的卡叠什之战（Battle of Qadesh）。

有人认为，赫梯是大规模生产铁器的第一大文明，他们用铁制造工具和武器，从而开创了铁器时代（虽然大多数文明直到几个世纪后才开始使用铁器）。公元前1193年，包括爱琴海人（地中海东部的神秘部落）在内的移民入侵赫梯，赫梯政权瞬间瓦解。

亚述

公元前14世纪，亚述从巴比伦王国分裂出去，建立了一个独立的帝国。这个帝国最初以美索不达米亚北部的阿舒尔城为中心。

亚述人需要长期与来自北方和南方的侵略者浴血奋战，因此变成了凶猛的战士，并以残忍著称。亚述人的语言与巴比伦人几乎相同（亚述人吸收了巴比伦人的文化），亚述人在武器技术上勇于创新，还发明了攻城车，并在战争中投入使用。也有人认为，他们首先学会的是骑马而不是驾驶战车。

最著名的亚述国王萨尔贡二世（公元前722年～公元前705年）将首都迁至尼尼微，征服了大马士革和以色列等地，流放了三万以色列人[《失踪的十大以色列部落》（The Ten Lost Tribes of Israel）的传说就是以此为基础]。

公元前7世纪，亚述已经成为世界上有史以来最大的帝国，最后一位伟大的亚述国王叫亚述巴尼拔（公元前668年～公元前627年），他统治着一个从波斯湾一直延伸到埃及的帝国。为了统治这样一个帝国，亚述人修建了道路，组织了高效的邮政服务，而亚述巴尼拔在尼尼微建造了中东第一个井然有序的图书馆，里面有成千上万的文字和泥板。其中大约20 720块楔形文字泥板现存于大英博物馆。

公元前612年，亚述帝国最终被米堤亚人（与波斯人有亲缘关系的印欧人）和迦勒底人的联盟打败。在接下来的几个世纪里，亚述先后被巴比伦、波斯帝国、亚历山大大帝（他将亚述改名为叙利亚）、帕提亚人和罗马人统治。

腓尼基

公元前2000年，许多人在地中海东岸定居，也就是今天的黎巴嫩、叙利亚和以色列。这些人生活在狭窄的沿海地带（这里成了亚洲、非洲和其他地方的天然交通点），种植和生产各种作物，包括雪松木（用于建筑）、橄榄、葡萄和布料，并用这些产品与埃及、塞浦路斯、克里特岛和远至土耳其西部的特洛伊进行贸易往来。

公元前 4000 年和公元前 3000 年，这里分别建立了乌加里特城和比布鲁斯城。公元前 1500 年，这里又开始建造新的城邦。公元前 1000 年，就在同时代帝国的衰落之际，腓尼基人的城邦进入了黄金时代，其中最著名是提尔、西顿和贝罗，它们都以刺绣而闻名。

贸易继续构成腓尼基繁荣的基石，特别是金银饰品、精美玻璃器皿和象牙雕刻等奢侈品的制造和贸易。腓尼基人的染料最引人注目，其著名的紫色纺织品变得非常抢手（紫色织物越来越与优越的社会地位联系在一起）。事实上，"腓尼基"（Phoenicia）一词来源于希腊语"紫色"（purple）。

成为海上强权之后，腓尼基人从 9 世纪末开始，在塞浦路斯和北非沿岸建立殖民地，并于公元前 814 年在突尼斯建立了迦太基城。后来，腓尼基沦为亚述帝国和波斯帝国的阶下囚，其城邦却依然蓬勃发展。直到公元前 322 年，腓尼基的首都提尔被洗劫一空，这个城邦国家才沦于希腊亚历山大大帝的统治。

远东

印度文明

公元前 2500 年，世界上最发达的城市文明出现在今巴基斯坦的印度河下游河谷，它在许多方面比古埃及更先进，而且疆土更辽阔，面积超过19万平方英里（约50万平方公里），而埃及的面积仅为2.4万平方英里（约6.3万平方公里）。印度文明也是最早的南亚文明，因印度河流域的肥沃土壤而得以发展。

迄今为止，考古学家已发掘大约100处与印度河文明有关的遗址，如今发掘工作仍在进行中。其中最大的城市包括哈拉帕、摩亨佐-达罗和多拉韦拉等，每个城市的人口约为三到四万。遗址中坚固的砖房和方格状的街道布局表明，印度河流域许多城镇的城市规划井井有条。这里的住宅区也拥有世界上最先进的管道和排水系统，摩亨佐-达罗的每一个住宅小区几乎都有一个厕所，其形式是一个砖砌的排水道，与街道下砖砌的下水道相连。

印度河流域的文字由大约400个不同的符号组成，主要存在于滑石印章上，至今未被破译，因此，关于印度文明的许多重要问题仍未得到解答。至今还没有在该流域发现武器，也没有发掘到关于宗教组织的证据。而且，关于印度河文明在公元前1500年左右突然瓦解的原因，至今也没有找到明确的解释，可能是由于洪水、人口过剩、土壤盐碱化，或是因为雅利安的入侵者摧毁了印度河流域的城市。

吠陀时代和印度教

吠陀时代（公元前1500年～公元前800年）与历史上一个时期有关，也就是古老的印度经文《吠陀经》著成的时代。《吠陀经》由四部圣书组成，历史上认为，吠陀教是印度教的前身。吠陀时代也与公元前 1500 年雅利安人入侵印度有关。雅利安人是来自中亚的高贵的游牧民族，"雅利安"（Aryan）一词的原意是"高贵"（noble）。

关于雅利安人的迁徙，没有具体的历史记载，但《吠陀经》中最古老的诗歌集《梨俱吠陀》中提过：雅利安人是部落居民，依靠马群和牛群而生活。雅利安人的语言是一种早期形式的梵语，这是印度教经文的语言，后来演变成多种现代方言，包括印地语——现代印度的官方语言。

在雅利安人入侵印度之后的几个世纪里，印度北部逐渐被"雅利安化"。浅色皮肤的雅利安人最初拒绝与深色皮肤的印度人混合在一起，于是，两者之间形成了严格的社会等级制度，分为四个等级：婆罗门（祭司或学者）、刹帝利（武士）、吠舍（农民或商人）和首陀罗（奴隶）。这些构成了印度种姓制度的基础。

吠陀教被视为现代印度教的前身，它的主要神灵包括因陀罗（雷电之神和众神之王）、阿格尼（火神）和苏伊拉（太阳神）。这个时候，印度教的一些传统神灵（如毗湿奴）一点都不重要，而其他的神（如湿婆）则完全消失。吠陀教的核心信仰就是祭祀活动，尤其是向神供奉唆麻（一种迷幻饮料）。到吠陀时代的后期，吠陀教与被征服地区的印度教传统相结合，形成了早期的印度教。

早期的中国文明

在中国，最早出现的文明社会是夏朝。由于缺乏考古发现，人们在夏朝文明是否真实存在的问题上产生了分歧，但据说，夏朝文明可能出现于公元前2100年左右的黄河流域，考古学家在那里发现了公元前2000年的石器和一只青铜熔炉。

夏朝之后是商朝，始于公元前1600年，就建立在安阳附近。承认商朝存在的人较多，主要是因为在10万多枚龟壳上发现了相关铭文。商朝人试图通过加热动物的骨头或躯壳来预测未来，与之相关的铭文是已知最早的中国文字记录（就是著名的甲骨文）。大约在公元前1500年，商朝进入鼎盛时期，主要表现为：出现用作祭祀容器和武器的青铜器铸造业、完善的书写体系，以及雕刻精美的玉器和象牙。商朝的疆域有多辽阔，这一点尚不确定。

大约在公元前1046年，周国的统治者夺取了商朝统治者的政权，建立了一个延续了近800年的王朝——周朝（中国历史上最长寿的王朝），这个王朝的疆域延伸到了长江以北。公元前770年，周朝将首都从镐京迁到洛阳，从此，诸侯国和封建领主之间战争连连，中国逐渐陷入分裂状态（中国的封建制度比欧洲早一千多年）。在周朝，乘法运算得到了发展，铸铁和农业生产也得到了发展。儒家"五经"（指《诗经》《尚书》《礼记》《周易》《春秋》）也是在这一时期开始编纂的，被后世的中国学者研究了好多个世纪。

欧洲

米诺斯文明

米诺斯文明出现在公元前 3000 年～公元前 1450 年的克里特岛上，又称克里特文明。它是欧洲的第一大文明，也是并非源自于河漫滩地区的第一支文明。米诺斯人留下了宏伟的宫殿、精美的陶器、金器和青铜器，而在希腊传说中，米诺斯是一片失落的金色土地。

米诺斯人在多山的克里特岛上集中种植橄榄、小麦和葡萄，在高山草场上放羊，从水里捕鱼，并将产品远销到埃及、叙利亚和塞浦路斯。公元前 2000 年，这种因广泛贸易所产生的财富促进了城市和港口的发展，其中最具代表性的就是克诺索斯、马利亚、斐斯托斯和扎克罗斯的宏伟宫殿。其中，克诺索斯宫殿最大，是由英国考古学家阿瑟·埃文斯于 1900 年发现的（在此之前，人们对米诺斯文明一无所知）。

米诺斯人在许多希腊传说中都有记载，包括克里特半人半牛的怪物——牛头怪（米诺斯人认为，公牛是神圣的动物）。米诺斯人还发明了一种基于音节符号的文字，称为线形文字 A，但至今尚未破译。

在公元前 1700 年左右，大部分米诺斯宫殿被战争或地震引起的大火烧毁了，随后又得到了重建，因为米诺斯人之后生产出了最高质量的陶器和壁画。大约在公元前 1500 年，锡拉岛（现在的圣托里尼岛）发生了一次巨大的火山喷发，引起的海啸再次破坏了米诺斯的宫殿和城镇，摧毁了那里大部分的船只，不过很快就得到了修复，而且，克里特岛在火山爆发后依然繁荣了好几年。公元前1450年，迈锡尼人控制了爱琴海，米诺斯文明到此结束。

迈锡尼文明

迈锡尼人是生活在希腊大陆阿尔戈斯平原上的一个民族，他们繁荣富强、骁勇善战，还颇具艺术修养。迈锡尼文明和米诺斯文明一样同属爱琴文明。它的鼎盛时期始于公元前1600年左右，当时他们开始建造一些小型的堡垒般的城市，其中最著名的有梯林斯、皮洛斯和迈锡尼。大多数城市都建立在自然要塞上，有供国王居住的宫殿，四周有坚固的防御城墙。

公元前1450年，迈锡尼人占领了克里特岛，接管了米诺斯人的海上贸易，航行至小亚细亚和叙利亚，与西西里岛和意大利进行贸易。他们还在罗得岛、塞浦路斯和安纳托利亚西南海岸建立殖民地，开始了希腊殖民化进程（其版图在古典希腊时期达到最大）。

迈锡尼人还把米诺斯的文字转换成希腊文，根据翻译的文献可知，迈锡尼人崇拜的古希腊诸神包括海神波塞冬、太阳神阿波罗和众神之王宙斯。战争主题在迈锡尼艺术中占据重要地位。迈锡尼艺术也借鉴了许多米诺斯文化，但迈锡尼人在青铜器皿、盔甲和武器以及金面具的生产中仍然别具一格，他们的竖井墓也非常出名。

相传，公元前1200年，迈锡尼人洗劫了特洛伊城（位于安纳托利亚的地中海沿岸），不过，荷马史诗《伊利亚特》可能大大夸大了这次远征的规模。大约在公元前1120年，迈锡尼文明走向了消亡。但是也不清楚是什么原因，只知道发生在地中海东部动乱时期（赫梯王国在公元前1205年突然瓦解），可能与爱琴海人的入侵有关。

美洲

奥尔梅克文明和查文文明

世界公认的美洲第一大文明出现在墨西哥东岸的韦拉克鲁斯沼泽低地。自公元前2000年起，中美洲出现了农耕、村庄和陶器。公元前1500年左右，奥尔梅克文明就此诞生。

奥尔梅克人的焦点似乎是大型仪式场所，后人在那些地方发现了泥土金字塔，旁边是巨大的石雕头像，可能是为了纪念统治者而建造的。这些场所多达数千个，其中最大的一个是拉文塔，一直繁荣到公元前400年，还养活了一大群农民、渔民、商人和工匠。在公元前800年之后的几个世纪里，奥尔梅克艺术的独特风格（通常融合了人类婴儿和美洲虎的形象）的影响从中美洲一直蔓延到今天的萨尔瓦多。

大约在公元前400年，奥尔梅克文明消失了，取而代之的是新的文明，比如玛雅文明。对于我们而言，奥尔梅克人始终是个谜，因为我们不知道他们说的是什么语言，也不知道是什么导致了他们的灭亡。再往南，是秘鲁的查文文明，在公元前900年～公元前200年繁荣昌盛。查文文明的中心是位于安第斯山脉高处的查文·德·万塔尔遗址。查文人在石雕工艺方面具有很高的水平，这种艺术风格传播到了安第斯山脉的大部分地区。考古学家在查文·德·万塔尔遗址发现了200件做工精细的石雕，这可能是秘鲁人民的朝圣之地。

第二章

古代世界

（公元前 800 年~公元 450 年）

中东和非洲

阿契美尼德王朝

公元前559年,一位名叫居鲁士二世(大帝)的年轻国王在波斯掌权,接下来的10年里,他建立了一个帝国,最终统治了世界上1/5的人口。波斯帝国被称为阿契美尼德王朝,以伊朗国王阿契美尼斯的名字命名。

公元前549年左右,居鲁士调动人力征服了米提亚人(居住在伊朗北部,控制着波斯的印欧人),并在此过程中攻下了亚述。两年后,强大的居鲁士军队控制了爱奥尼亚人的希腊城市,并于公元前539年占领了巴比伦和巴勒斯坦。居鲁士允许流亡的犹太人返回耶路撒冷重建他们的圣殿。他在公元前529年去世之前,将帝国扩张到了印度边境。

到了大流士一世时期(公元前522年~公元前486年),波斯帝国的疆界囊括埃及,东起北印度,西至土耳其,是有史以来世界上最大的帝国。为了继续控制这片广袤的土地,大流士一世引进了一套有效的行政和税收制度。公元前500年,他又修建了一条公路,公路是从现代伊朗苏萨到土耳其以弗所,全长1500英里(约2400公里)。

大约在这个时候，古代波斯的琐罗亚斯德教发展成了国教。它起源于公元前600年的伊朗，其"复活""最后审判""天堂"和"地狱"的概念也影响了世界其他宗教，包括伊斯兰教、犹太教和基督教。

从公元前500年起，爱奥尼亚人的希腊开始反叛，公元前490年，大流士派遣军队到雅典去镇压并惩罚了叛乱分子，但在后来著名的马拉松战役（Battle of Marathon）中败北，引发了希腊和波斯之间的波斯战争。大流士的继任者薛西斯试图控制希腊，公元前480年，他焚毁了雅典，但就在那年，他发动的战争以惨败告终。这标志着波斯帝国走向衰落，直到公元330年，波斯帝国被亚历山大大帝征服。

帕提亚帝国

在马其顿和希腊统治（被称为塞琉古帝国）时期之后，公元前247年，伊朗沦入了波斯东北部的帕提亚小王国的控制之下。在接下来的几个世纪里，帕提亚人建立了帕提亚帝国（也叫安息帝国），在其鼎盛时期，版图从幼发拉底河北岸一直延伸到印度河。帕提亚帝国也位于中国和古罗马帝国之间的"丝绸之路"上，成了一个商业贸易中心。

帕提亚著名的统治者包括：效仿伟大的波斯统治者大流士一世的米特拉达梯一世（约公元前171年~公元前138年）、强大的米特拉达梯二世（约公元前123年~公元前88年）和弗拉特三世（约公元前 70 年~公元前 57 年）。帕提亚人在战争和骑术方面的技巧颇多，比如弓箭手可以在敌前急停调头，从马尾方向发箭，以便在战斗中占据优势，这就是著名的"帕提亚人的回马箭"。

帕提亚帝国融合了波斯文化、希腊文化和本土的文化。虽然安息王朝保留了希腊文化的一些影响，但是逐渐引来了伊朗传统的复兴。帕提亚一直向西扩张，最初是为了控制亚美尼亚，最终却与罗马发生了冲突。公元前 53 年，在卡莱战役（Battle of Carrhae）中，帕提亚人完胜罗马统帅马库斯·李锡尼·克拉苏（这是罗马历史上最惨的军事灾难之一，出兵 4.4 万人，结果败不旋踵，最终只有 1 万人侥幸逃生）。这场战役有效地终结了罗马人在东方的野心。在随后的罗马-帕提亚战争（公元前 66 年~公元 217 年）中，几位罗马皇帝入侵帕提亚，一度占领了帕提亚的首都泰西封。最终，帕提亚内部统治者之间的冲突和战争导致了帕提亚政权的瓦解。公元 224 年，伊朗法尔斯省的统治者阿尔达希尔一世建立了萨珊王朝。

萨珊王朝

公元 224 年，阿尔达希尔一世建立了萨珊王朝，这是伊朗历史上公认的最重要和最具影响力的时期之一，当时的古代波斯文化（在穆斯林征服之前）达到了顶峰。

萨珊王朝定都泰西封，这里是繁荣的文化中心，学者们在这里学习天文学、艺术、医学和哲学，并进行棋牌和马球等娱乐活动。萨珊的艺术作品对伊斯兰艺术产生了强烈的影响，甚至波及遥远的中国、中亚甚至西欧。萨珊还以岩石雕塑而著称。

萨珊王朝的领土扩张——从叙利亚沙漠一直延伸到印度西北部——导致了几乎持续不断的战争，主要战争对象是罗马、匈奴、土耳其和拜占庭帝国。在征服亚美尼亚期间，公元260年，萨珊王朝国王沙普尔一世（240/242年~272年）在埃德萨战役（Battle of Edessa）中击败并囚禁了罗马皇帝瓦莱里安，从此声名远扬。296年，罗马重新占据上风，随后，萨珊人被赶出了亚美尼亚和美索不达米亚。萨珊王朝的政治特色是：强大的君主（例如于579年去世的霍斯劳一世）和地方大贵族交替掌权。7世纪，萨珊王朝瓦解，后来又遭受阿拉伯人的入侵，琐罗亚斯德教也随之衰落。

希伯来人和他们的"唯一真神"

希伯来人是闪米特的游牧民族，他们于公元前2000年后期从东方迁徙到迦南。希伯来人的大卫王（公元前1006年~公元前962年）打败非利士人（定居在巴勒斯坦海岸的"海民"，其实是海盗）之后，借助腓尼基城邦的推罗王希兰之力统一了巴勒斯坦，将耶路撒冷定为宗教和政治首都。然而，在公元前930年之后，这个国家再次分裂：北部是以色列；南部是犹地亚，包括耶路撒冷。

公元前721年，亚述控制了以色列。公元前586年，犹地亚沦陷在巴比伦的统治之下，在此期间，耶路撒冷被摧毁。犹地亚人（现称为犹太人，有别于希伯来人和以色列人）被囚禁在巴比伦，他们开始在犹太律法和基督教《圣经》第一卷中记录他们的历史。公元前538年，巴比伦落入波斯人之手，犹太人有幸回到了耶路撒冷，从而奠定了犹太教的宗教和政治基础。但有一些犹太人决定留在巴比伦，从而形成了犹太人第一次大流散。

此时，犹太人萌生了一种强烈的自我感觉，他们认为自己是无所不能的"唯一真神"（one true God）的选民，根据宗教经文记载，公元前2000年的上半叶，这个全能的上帝曾经出现在牧人亚伯拉罕的面前。这种只崇拜一个神的论调，也就是所谓的"一神论"，后面也会影响基督教和伊斯兰教，这两种宗教也将亚伯拉罕视为精神祖先（在《圣经》中，耶稣是亚伯拉罕的后裔，在穆斯林传统中，亚伯拉罕是先知之父，也是阿拉伯人和犹太人的祖先）。

公元前333年，亚历山大大帝征服了巴勒斯坦，这一地区从此落入了数位统治者之手，比如罗马帝国、萨珊王朝和拜占庭帝国。犹太人的活力大减，加利利成为其主要的宗教中心。公元636年，阿拉伯人征服了该地区，巴勒斯坦在穆斯林的控制下又持续了1300年。

基督教的诞生

大约在公元30年，在犹太的巴勒斯坦（现在是罗马的一个省)的加利利,有一个名叫耶稣的犹太木匠。他开始向犹太同胞宣讲众人祈祷的"唯一真神"。他的布道很受欢迎,很快就有了很多信徒(他挑选了12名信徒来布道,他们被称为使徒)。耶稣谈到了一位富有怜悯之心、以慈悲为怀的上帝,这位上帝服务于所有的种族和人民,将宽容、谦卑和真诚的原则凌驾于任何礼节之上。

耶稣的这种传道行为很快让他陷入了与犹太当局的冲突之中,后者将其视为一个政治和社会颠覆分子。在耶路撒冷,耶稣被古犹太最高评议会兼最高法院判处死刑,然后被带到罗马总督本丢·彼拉多面前,彼拉多下令将他钉死在十字架上。他的信徒们声称,耶稣被钉死三天后会"死而复生",这表明,信徒们相信耶稣是弥赛亚或基督(希腊语中的"救世主")。

在接下来的两个世纪里,正如《新约圣经》之《四福音书》所述,耶稣的教义传遍了罗马世界。《新约圣经》的撰写,部分得益于小亚细亚的一个制造帐篷的人,他就是后来著名的圣保罗——《新约圣经》27卷中13卷的作者。罗马皇帝试图通过大范围的迫害来消灭这种新教的危险传播,但徒劳无功。最严重的迫害发生在公元250年的德西乌斯时期和303年~311年的戴克里先时期。最后,313年,君士坦丁大帝颁布了一项信仰自由敕令,从324年起,他开始宣布基督教为罗马帝国的官方宗教(381年,在君士坦丁堡会议上完成)。此后,基督教传遍欧洲各地,对西方文明的形成产生了重大影响。

库施王国

库施王国——埃及以外的第一个重要的非洲国家——屹立于努比亚（现在的苏丹）高地，然后不断发展壮大，掌控古埃及一百多年。

从公元前2000年左右开始，库施王国的大部分国土沦入其北方邻居埃及的统治之下，不过，库施人依然发展了丰富而独特的文化。大约在公元前1000年，随着埃及影响力的减弱，库施统治者获得了名义上的独立。公元前800年，一个新的库施王国诞生了，首都设在了纳帕塔。公元前715年左右，库施人在国王皮耶和沙巴卡的领导下，推翻了埃及的统治王朝，征服了整个埃及，并沿袭了法老的统治方式。可惜，公元前654年，由于亚述人的入侵，他们被迫从新首都孟菲斯撤回了库施。

所幸，库施文明依然欣欣向荣。公元前591年左右，库施首都向南迁移到麦罗埃。麦罗埃位于尼罗河东岸，靠近红海，贸易繁荣，尤其是当地出产的用乌木、黄金和象牙制成的奢侈品的贸易特别繁荣。于是，麦罗埃发展成为一座拥有庙宇、房屋和宫殿的大城市。麦罗埃还有丰富的铁矿石和木材供应，为非洲最早的一批炼铁工业提供了燃料。库施人也是最早发明字母文字的人之一（但至今尚未破译）。

公元3世纪，库施文明开始衰落，可能是由于当地自然资源的枯竭，而且红海贸易流失到了邻居阿克苏姆王国（公元350年，阿克苏姆人入侵库施并摧毁了麦罗埃）。

迦太基时代

公元前814年,腓尼基人在今突尼斯的海岸线上建立了迦太基城,接着,它迅速扩张成为北非海岸最大的城市之一,它的诞生也成了各种传说的基础,特别是罗马诗人维吉尔的《埃涅阿斯纪》,其中写道:女王狄多逃离了腓尼基的提尔城,创建了迦太基。

公元前600年左右,迦太基脱离了腓尼基人的控制,进一步确立了自己作为主要贸易中心的地位,将非洲内陆与地中海世界连接起来。它的财富基础是航海业和贸易,以及北非和西班牙南部的银矿业。

迦太基在北非、西班牙和西西里建立了殖民地,由此获取的利益最终导致了战争冲突:首先是公元前5世纪,与希腊交战;然后是公元前264年,与罗马爆发了布匿战争(Punic Wars)。其中,第二次布匿战争(公元前218年~公元前201年)是由西班牙统帅汉尼拔发动的,他率领一支军队和40头大象翻越阿尔卑斯山向罗马进发。他最伟大的胜利就是公元前216年的坎尼战役(Battle of Cannae),在战役中歼灭了6万罗马士兵。

然而,汉尼拔最终未能打败罗马,到第三次布匿战争(公元前146年)结束时,迦太基城被罗马人摧毁了,约20万居民被屠杀了,剩下的5万人被卖为奴隶。后来,罗马人重建了迦太基城。成为罗马城市的迦太基随即繁荣起来,后来成为基督教的中心。533年,它被并入拜占庭帝国。最后,705年,它被阿拉伯人摧毁,突尼斯城取而代之。

远东

佛教

佛教信仰起源于乔达摩·悉达多的教义。公元前563年左右，乔达摩出生于印度北部的一个富裕家庭，但在29岁时，他决定放弃家中的财富，过上乞丐的生活，以便寻找生命的真谛。大约在公元前528年，他坐在一棵菩提树下悟道成佛，并毕生致力于将自己的所悟传授给他人。

他的教义（佛法）和佛教信仰的中心主题是：诸行无常，诸漏皆苦，诸法无我，涅槃寂静。

乔达摩·悉达多被尊称为佛陀（觉悟者之意）。大约公元前482年，他去世了，之后，僧侣们将他的教义传遍了整个印度北部。公元前3世纪，印度孔雀王朝的阿育王帮助佛教向南传到锡兰（今天的斯里兰卡），向北传到克什米尔，并派遣传教士前往今天的泰国暹罗和缅甸，还修建了许多佛教纪念碑和寺庙。

从公元150年左右开始，由于印度、中国和罗马帝国之间的贸易交往，大乘佛教的僧人把佛法带到了中国。3世纪，主要的佛经被翻译成中文。4世纪和5世纪，佛教成为中国的主要信仰。4世纪，佛教首次传入朝鲜，550年~600年，佛教又传入日本。与此同时，佛教却在印度衰落，取而代之的是印度教。

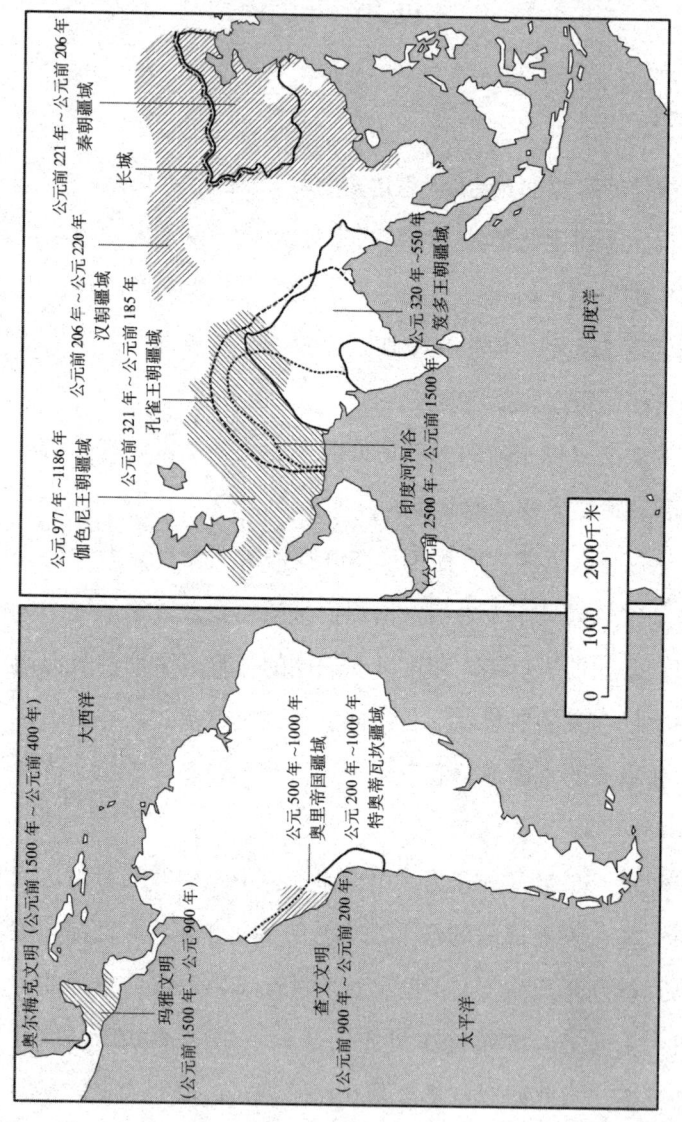

地理示意图 2 古代帝国：美洲和远东（公元前 3500 年～公元 900 年）

孔雀王朝和笈多王朝、印度的黄金时代

孔雀王朝（约公元前 321 年~公元前 185 年）是政治强大的印度帝国之一，也是印度次大陆的第一个主权国家，开国君主是旃陀罗笈多·孔雀，他推翻了印度东北部的难陀王朝。公元前 305 年，他战胜了亚历山大大帝的前将军塞琉古之后，又控制了阿富汗和现代巴基斯坦的大部分地区。

旃陀罗笈多·孔雀的儿子控制了印度南部的大部分地区，他的孙子阿育王征服了一个小王国——羯陵伽，并耗尽全力在这里推广佛教。公元前 232 年，阿育王死后，孔雀王朝分裂成几个小王国，包括公元前 170 年希腊人的旁遮普公国，公元 50 年在印度北部的贵霜帝国。240 年，该王朝最终沦为萨珊王朝的附属国。

320 年，摩揭陀王国的统治者旃陀罗·笈多一世扩大了帝国版图。随后进入笈多王朝统治时期，帝国扩展到了印度的大部分地区。笈多王朝通常被称为印度的黄金时代，因为长期的和平与繁荣导致了艺术、建筑和文学的蓬勃发展。这个时期建造了华丽的宫殿和庙宇，出现了重要的梵语文学作品，包括《摩诃婆罗多》和《罗摩衍那》等史诗故事，大大促进了印度教的发展，这些故事至今仍在东南亚各地传诵和重演。笈多人也可能对婆罗门教神学概念的发展做出了不可估量的贡献。

此外，需要解释一个认知误区：其实是笈多人发明了阿拉伯数字书写法、十进制数字系统和零的概念，而阿拉伯人只是

将这些知识传播到了欧洲而已。笈多王朝最终在公元550年灭亡，这主要是由于来自中亚的匈奴人的入侵。

中国的秦朝、汉朝和孔子

公元前485年~公元前221年左右，中国分裂成为几个相互竞争的诸侯国，并由此诞生了秦国。公元前221年，秦国成为中国历史上第一个统一的帝国。据说，中国的英文名字China就是从秦国衍生而来的。

秦始皇制定了严格的政体，统一了文字和度量衡。因为担忧北方游牧部落，秦始皇还下令建造了中国长城（连接早期的防御城墙）。此外，秦始皇还为自己的陵墓制作了真人大小的军队雕像作为陪葬，即兵马俑。秦的统治仅持续到公元前207年，但在其短暂的统治期间，确立了大致的疆域边界轮廓，还建立了基本的行政体系，这一行政体系迄今仍然是现代中国的一大特征。

统治时间更长的汉朝（公元前206年~公元220年）则建立了稳固的中国文化（以至于在中文中，"汉"即"中国人"之意）。这个时期的表演艺术蓬勃发展，绘画、雕塑和设计水平跃升，科学和技术也取得了巨大的进步（西方世界很久之后才达到这样的水平），比如，这一时期发明了造纸术、日晷、地震仪和指南针。汉朝统治者将疆域的边境扩展到朝鲜和越南的部分地区，并与外部世界进行了深入接触，尤其是长达4000英里（约

6437公里）的丝绸之路，从公元100年左右开始，中国商人就沿着这条贸易路线向西方世界运送丝绸了。

汉朝延续了秦朝高度集权的政体，但是，汉朝统治者信奉的主流思想是：中国哲学家孔子（约公元前551年～公元前479年）的儒家思想。儒家思想强调中庸和存在于个人欲望之上的美德以及修身，这体现在社会准则和哲学中，至今在中国、朝鲜、日本和越南仍具影响力。大约从公元189年开始，大汉帝国逐渐分裂为互相混战的多个地方政权。

欧洲

伊特鲁里亚人和罗马的建立

伊特鲁里亚人是古伊特鲁里亚（大致相当于今天意大利的托斯卡纳）的居民，他们组成了伊特鲁里亚城邦的松散联盟。从公元前800年开始，伊特鲁里亚文化在意大利发展，到公元前7世纪和公元前6世纪，伊特鲁里亚人统治了中意大利的很多地区。

伊特鲁里亚人的起源至今仍是个谜，但有一种说法认为，他们在赫梯王国瓦解之后从亚洲迁至意大利。伊特鲁里亚人使用的字母表源于希腊字母，但他们的语言尚未被破译。然而，丰富的考古遗迹表明，伊特鲁里亚人拥有强大的艺术传统，包括引人入胜的青铜作品、惟妙惟肖的雕塑，以及对罗马产生重大影响的艺术和建筑作品。伊特鲁里亚人是最早使用方格状布局来规划城市，并允许妇女自由参与公共生活的民族。他们还以强大的海上力量而闻名。

可是，到了公元前6世纪末，伊特鲁里亚人被希腊人（他们在意大利南部建立了"大希腊"）以及古老印欧部落的拉丁人和萨谟奈人赶出了意大利中南部。

根据罗马传统记载，罗马城建于公元前753年，它由几个群落组成，包括伊特鲁里亚人和拉丁人。它的建立者兼第一任国王是罗慕路斯，在他之后，还有六位国王，他们既有拉丁血统，又有伊特鲁里亚血统。传说，公元前509年，伊特鲁利亚最后一任国王塔克文·苏佩布的残暴统治导致罗马人民将他驱逐出城。随后，罗马人建立了共和国。

公元前474年，伊特鲁利亚的海军在库迈战争（Battle of Cumae）中被"大希腊"各城市的盟军击败。此后，伊特鲁里亚文明经历了漫长的衰落，直到公元前3世纪中期被罗马共和国同化。

古希腊与民主的诞生

在迈锡尼文明衰落后的暗淡岁月里，古希腊出现了若干强大的城邦。同时，古希腊的文化和科学成就也传播到了幅员辽阔的帝国，对罗马帝国和西方文明产生了深远的影响。

大约从公元前730年开始，希腊的城镇生活开始发展，海外贸易和农业生产也随之发展，这一切在某种程度上源自亚述帝国的崛起及其对进口奢侈品的欲望。这些城镇最终发展成为强大的城邦，雅典、斯巴达、科林斯和底比斯成为古希腊时期（公元前650年~公元前480年）最主要的城邦。这些城邦经常处于战争状态，每隔四年都要在希腊著名的体育赛事奥林匹克运动会上碰面一次。贸易的增长促进了书写体系（调整和改进了腓尼基字母）和读写能力的发展。古希腊时期的文化成就包括：荷马史诗《伊利亚特》和《奥德赛》、毕达哥拉斯数学理论。此外，这一时期，希腊开始建立殖民地，并开拓贸易中心，远至埃及、拜占庭和西西里的锡拉库扎。

古典时期的希腊（公元前480年~公元前336年）号称希腊历史上最伟大的时代。这时，希腊由几百个城邦组成，其中最强大的雅典居统治地位。在此期间，希腊人击退了波斯的进攻，守护了自己的土地。其中，最著名的胜战是公元前490年的马拉松战役，为了庆祝这次胜利，他们在雅典建造了帕特农神庙。公元前5世纪，雅典人成功击退了斯巴达人的入侵；然后，为了避免当地富裕地主的暴政统治，雅典人民建立了世界上第一个民主国家（源自希腊语demokratia，意为"民主"），所有公民（妇女、奴隶、儿童或外国人除外）都享有平等地位——记住，人数占总人口的85%~90%。

公元前431年~公元前404年，雅典和斯巴达之间的伯罗奔尼撒战争（Peloponnesian War）导致雅典统治结束，斯巴达成为该地区的主导力量，而雅典再也不能恢复以前的繁荣了。公元前411年，雅典的民主政权瓦解了。

亚历山大大帝和希腊化时代

公元前339年，马其顿王国（一个由武士贵族统治的邻国）的菲利普二世征服了希腊，这标志着希腊化时代（约公元前323年~公元前30年）的开启。

菲利普二世是一名杰出的武士，他使用骑兵和围城战术（以前仅在亚述地区见过），在希腊掀起了一场革命战争。公元前336年，菲利普不幸被暗杀，他希望征服波斯帝国的梦想被他20岁的儿子——亚历山大三世继承。亚历山大三世是马其顿伟大的哲学家亚里士多德的学生，他就是后来的亚历山大大帝。他接管了亡父的精锐军队，开始了长达11年的征战，建立了世界上最大的帝国（并确立了自己作为历史上最伟大的军事天才之一的牢固地位）。

亚历山大继位后，于公元前333年入侵波斯，在伊苏斯战役（Battle of Issus）中击败了大流士（从而解放了希腊在安纳托利亚的城市）。然后，他横扫叙利亚，摧毁了提尔，最终征服了远至埃及和印度西北部的土地。希腊的语言和文化同时在这片广阔的领土上传播，埃及的亚历山大港（亚历山大在公元前332年建立）和叙利亚的安提俄克成为希腊文化的新中心，而希腊城邦的影响力在下降。

公元前323年,亚历山大去世后,大部分帝国被马其顿将军们分割占据。比如,托勒密(公元前323年~公元前285年在位),他开创的王朝统治了埃及近300年,直到公元前30年被罗马人吞并;塞琉古(公元前312年~公元前281年在位),其创建的塞琉古王朝疆域从欧洲色雷斯一直扩展到印度边境,直到公元前2世纪中叶他被帕提亚人驱逐。

罗马共和国

公元前509年,罗马贵族建立了共和国,由元老院选出的两名执政官统治。源自这座古城的文明——文化、语言和科技成就——的影响力持续了一千多年,最终遍及整个帝国,包括欧洲、北非和中东。

在公元前509年之后的几个世纪里,罗马日益强大,击败了在意大利的伊特鲁里亚人、萨谟奈人和希腊殖民者(建造了著名的亚壁古道),最终在公元前272年解放了意大利半岛。然后,罗马与迦太基发生了冲突,导致了布匿战争(公元前264年~公元前146年),遭遇了与迦太基将军汉尼拔的恶战。公元前146年,罗马人摧毁了迦太基,占领了西西里、西班牙和北非的海外领土,通过四次马其顿战争,将其势力扩展到马其顿、希腊和安纳托利亚的部分地区(不过,在波斯显赫一时的帕提亚人阻止了罗马在东方的扩张)。

公元前58年~公元前50年,罗马将军尤利乌斯·恺撒征服了整个高卢，他的军事成就与其说是建立在他的骑术和装备上，不如说是建立在他的战术、纪律和军事工程上。经历了一段时间的罗马内战之后，恺撒宣布自己为罗马共和国的终身独裁者。元老院议员对此的回应是：于公元前44年公开刺死了他，这也导致了进一步的权力斗争。直到公元前31年，恺撒的养子屋大维在亚克兴战役（Battle of Actium）中击败了古罗马将领马克·安东尼和埃及艳后克里奥佩特拉七世（吞并了埃及）。公元前27年，屋大维强迫元老院授予他一个新名字——奥古斯都，意为"占卜"，也可能与"权威"有关——随着共和国的消亡，他成为罗马帝国的第一任皇帝（公元前27年~公元14年）。

罗马帝国

罗马帝政时代的出现，为罗马帝国带来了和平与稳定。成千上万的罗马军队守卫着帝国的边境，同时，帝国皇帝和行政官员忙于城市建设，他们建造道路和房屋，建设大型城镇，还修建了别致的排水系统。法治行政和通用语言（西部是拉丁语，后来，东部是希腊语）保持了帝国的统一，罗马的贸易和影响力从帝国的边境扩展到印度、俄罗斯、亚洲，并沿着丝绸之路进入中国。

罗马帝国统治者的能力各不相同。比如，公元43年征服英国的克劳迪乌斯（公元41年~54年）；焚烧罗马城并嫁祸给基督徒的暴君尼禄（公元54年~68年）；把帝国版图扩张到最大的图拉真（公元 98 年~117 年）；在英国北部建造哈德良长城要塞的哈德良；286 年，出于行政目的将帝国分为东西两半（但依然被视为统一的整体）的戴克里先；324 年重新统一整个帝国并定都为希腊城市拜占庭（改名为君士坦丁堡，并建立拜占庭帝国）的君士坦丁一世。

最终，帝国的庞大规模导致其自身的垮台。大约从公元 180 年起，帝国进入了不稳定时期，其部队遭到欧洲和亚洲的不断反抗，最著名的是 260 年的埃德萨战役，萨珊王朝打败并囚禁了罗马皇帝瓦莱里安。396 年，罗马帝国再次分裂为东罗马和西罗马，由于和来自中欧殖民者不断发生战事，西罗马逐渐走向衰落。5 世纪，日耳曼部落越过莱茵河，入侵罗马帝国，三次洗劫罗马。476 年，最后一位罗马皇帝罗慕路斯·奥古斯图卢斯退位，西罗马帝国最终瓦解。

凯尔特人

凯尔特人是印欧部落的一个分支，公元前 500 年，他们生活在德国西南部、法国东北部（被称为高卢人）和波西米亚，精通马术和金属加工。根据已知最早的考古记录，他们的起源可以追溯到公元前 700 年左右的里海地区——奥地利哈尔斯塔特的凯尔特人酋长坟墓遗址。

考古发掘资料表明，凯尔特人是欧洲铁器时代最早的一支文明，他们与古希腊和伊特鲁里亚进行贸易往来。公元前 400 年左右，凯尔特人进入意大利，定居在波河流域，并在公元前390年左右洗劫了罗马。同时，其他凯尔特人向南入侵法国和西班牙，向东入侵安纳托利亚（建立了加拉太王国），向西入侵不列颠群岛。在公元前5世纪中叶到公元前1世纪之间，凯尔特人的政权达到了鼎盛时期。他们的大多数珠宝和金属制品具有鲜明的拉坦诺文化风格（出现了几何图案，还仿效鸟和动物的形象）。

凯尔特人是以农耕为主的民族（用牛拉犁代替手工农具），他们居住在防御严密的村庄和山顶堡垒，宗教仪式由督伊德教的祭司主持。然而，他们缺乏书写体系和政治凝聚力，最终被训练有素的罗马军团和日耳曼部落征服。凯尔特文化和语言只在欧洲的边缘地区幸存下来：布列塔尼、威尔士、苏格兰、爱尔兰和马恩岛（布列塔尼语、威尔士语、苏格兰盖尔语和爱尔兰语都起源于凯尔特语）。

美洲

秘鲁文化

秘鲁的帕拉卡斯文化位于利马以南的沙漠半岛，与查文文化有关，在公元前900年～公元400年间繁荣昌盛。我们对帕拉卡斯文化的了解大多来自于20世纪20年代在塞罗科罗拉多挖掘的古迹，那里出土了竖井墓，每个墓穴里都有多具尸体，由精致的织物包裹着。这表明，帕拉卡斯人遵循着精心烦琐的葬礼仪式和尸体木乃伊化的过程，还会在死者旁边放置陶瓷和其他祭品，可能还会将尸体烘干或熏制以保存。

公元100年~800年，秘鲁北海岸的西潘出现了另一支文明——莫切。他们尤以精细的彩绘陶瓷（第一次用模具制作陶器，使大规模生产成为可能）、黄金加工和被称为"瓦卡斯"的金字塔状神庙而闻名。其中最大的是太阳神庙，它有41米多高，是秘鲁前哥伦比亚时代最大的建筑。莫切文化以农业为基础，他们发明了复杂的灌溉技术，并将鸟粪（海鸟粪便）用作土壤肥料。

美洲的其他文化

在北美洲，石器时代的游牧生活占据了主导地位，不过，公元前500年左右，出现了新的农耕方法，尤其是在俄亥俄河谷地区。这里的阿登纳人主要以狩猎和采集为生，为祭祀目的种植了一些本土植物，比如向日葵、南瓜和烟草。他们还建造了巨大的土冢，用来埋葬死者，还有动物形状的大土堆，其中一些至今存在，比如俄亥俄州南部的蛇形墓。

大约从公元200年开始，居住在亚利桑那州东南部和新墨西哥州西南部山区的莫戈永人开始制作精致的彩绘陶器。他们住在印第安人村庄的"半地下室"的房子里，主要通过狩猎和觅食为生。这样的小型社区生活方式一直持续到1450年左右。

公元前 8 世纪左右，墨西哥南部瓦哈卡州的山顶城市蒙特阿尔班开始成为古代萨波特克文明的中心。它是中美洲最早的城市之一，拥有巨大的广场、地下通道、球场和精致的坟墓。这座城市在公元 400 年~500 年左右达到顶峰，但在公元 750 年被废弃了。

第三章

中世纪

(450 年 ~1066 年)

中东和非洲

阿克苏姆帝国、加纳帝国、班图人的迁徙

公元 300 年,非洲库施王国被伟大的贸易帝国阿克苏姆推翻,后者位于非洲东北部,在红海和尼罗河之间(如今,阿克苏姆是埃塞俄比亚的一座城市)。4 世纪,阿克苏姆帝国皈依基督教,最终发展了几座富裕的城市,成了重要的商业中心。可惜,到了 7 世纪后期,该帝国再也没有实力与伊斯兰教阿拉伯人在地中海贸易中日益增长的影响力相抗衡了。阿克苏姆最出名的是建筑物,尤其是 126 座高达 34 米高的巨型方尖碑。

另一个非洲国家(最早记载来自于阿拉伯人)是非洲西部的加纳帝国,兴起于 8 世纪。它位于如今的马里和毛里塔尼亚东南部地区,与今天的非洲西部国家加纳无关。当时的加纳帝国是一个重要的黄金交易中心,黄金产地在其南部。加纳人用黄金和阿拉伯商人交换各种商品,包括盐。11 世纪,随着伊斯兰教穆拉比特王朝的崛起,加纳帝国逐渐衰落。

非洲南部早期历史记录较少,但人们普遍认为,在欧洲基督教时代开始时,班图语系的尼日利亚东部人已经把语言和农业向南传播到了非洲南部,取代了当地人的狩猎和觅食习惯。

到了8世纪，非洲东海岸的城镇与深入内陆的王国已经建立了联系，这些居民使用的语言就是后来阿拉伯人所谓的"斯瓦希里语"（斯瓦希里在阿拉伯语中意为"海岸"）。

伊斯兰教的诞生

610年左右，住在麦加的阿拉伯商人穆罕默德有一天梦到了"安拉"，在梦里他受命宣扬这个万能的唯一真主。他的布道吸引了众多支持者，但麦加的官员视他为危险的敌人。622年7月16日，穆罕默德从刺客手中逃脱，前往麦地那与信徒汇合，这就是著名的"圣迁"，这一年被定为伊斯兰教历元年，穆斯林时代正式开启。

穆罕默德的教义被称为"伊斯兰"（取顺从之意，信徒顺从安拉的旨意），以后被写入了《古兰经》。后来，穆罕默德带着一大群信徒回到麦加，并征服了这座城市，向四万多朝圣者宣讲伊斯兰教义（还敦促他们每天面向麦加祈祷五次）。他的教义迅速传播开来，到632年他去世的时候，阿拉伯半岛的大部分地区都处于伊斯兰教的统治之下。

在穆罕默德的岳父阿布·巴克尔（人称"哈里发"，意为"继任者"或"代表"）和哈里发奥马尔的领导下，伊斯兰新教从阿拉伯半岛传到了巴勒斯坦、波斯的萨珊王朝和埃及。此后，阿拉伯军队控制了整个北非和亚洲大部分地区（包括印度西部）。从670年前后开始，他们多次试图征服君士坦丁堡，但都没有成功。塞浦路斯和西西里也落入伊斯兰教的统治之下，西班牙也是如此（此前臣服于西哥特人的统治），不过，公元732年，在普瓦捷的战斗中，阿拉伯军队被法兰克统治者查尔斯·马特尔击败。

751年，伟大的伊斯兰帝国的势力范围从法国一直延伸到中国，富饶的圣城麦加和麦地那已经成为阿拉伯文化、宗教和伊斯兰教法的中心。

阿拔斯王朝

在伊斯兰统治期间，诞生了若干新的伊斯兰教王朝，最著名的是倭马亚王朝，其首都叙利亚大马士革成为伊斯兰帝国的中心。公元750年，穆罕默德叔叔的后裔阿拔斯推翻了倭马亚王朝，并于762年将首都从大马士革迁往伊拉克的巴格达（公元756年，倭马亚人逃到西班牙的安达卢斯，在科尔多瓦建立了一个王朝）。阿拔斯王朝的统治重点主要是东部地区——伊拉克、波斯、印度和中亚，而不是北非和地中海。繁荣的巴格达成为了一个庞大贸易帝国的文化、社会和商业中心。

750年~833年，阿拔斯王朝的统治者提高了帝国的威望，权力也大大增强，最著名的是第五任哈里发哈伦·拉希德，他在786年~809年的统治开启了所谓的"伊斯兰的黄金时代"。他的声望（有人说是夸大其词）在很大程度上是文学巨著《一千零一夜》的功劳，这本书的灵感来自于哈伦·拉希德的奢华宫廷。

他的儿子马蒙（813年~833年在位）镇压国内叛乱更为成功，还发动了对拜占庭帝国的战争。他还为天文学研究建造了天文台，并推动了希腊哲学和科学著作的翻译（这对欧洲古典学术的复兴做出了巨大贡献）。

这次学术思想的复兴，还吸收了印度、希腊、波斯和中国的思想和技能，带动了艺术、科学、法律、医学和农业领域的巨大进步。阿拉伯数字以印度数字为基础，如今在世界各地广泛使用，由中国人发明、阿拉伯人改良的造纸术也一样。伊斯兰教的成就还包括三角学的发展，以及光学、数学和天文学的进步。

法蒂玛王朝

909年，阿卜杜拉·马赫迪在突尼斯建立了法蒂玛王朝。作为什叶派穆斯林，他声称自己是穆罕默德的女儿法蒂玛的后裔（根据什叶派的说法，他们的后代是穆罕默德唯一合格的继承者，而逊尼派认为，任何伊斯兰教徒都有资格继承）。作为阿拔斯王朝逊尼派政权的对手，法蒂玛王朝的影响很快从突尼斯新建的首都马赫迪亚扩展到整个马格里布中部（这个地区包括今天的摩洛哥、突尼斯、阿尔及利亚和利比亚）。

10世纪后期，法蒂玛王朝在当地山民柏柏尔人的帮助下征服了埃及，并于969年建立了新的首都盖西拉（今天的开罗）。法蒂玛人在那里建造了爱资哈尔清真寺，后来发展成为一所大学,它与开罗图书馆一起,让这座城市变成了一个伟大的学术中心。法蒂玛人还以精美的玻璃、金属器皿和陶器而闻名,他们的建筑至今还可以在开罗看到。法蒂玛王朝在鼎盛时期(约969年)的帝国疆土以埃及为中心,包括北非、西西里岛、巴勒斯坦、约旦、黎巴嫩、叙利亚、现代沙特阿拉伯的部分地区(包括麦加和麦地那)和也门。

1057年,法蒂玛王朝的哈里发地位在巴格达短暂确立后,这个王朝便走向衰落,由于土耳其的入侵和十字军东征,法蒂玛王朝失去了在黎凡特和叙利亚的大部分领土。关于继承权的纷争最终导致了法蒂玛王朝于1171年覆灭,当时,传奇的库尔德人、萨拉丁领导的逊尼派阿尤布王朝继承了哈里发政权。

远东

中国的黄金时代

在短暂的隋朝(581年~618年)和唐朝(618年~907年)之后,中国经历了近四个世纪的内战。在此期间,匈奴人和突厥人入侵中国北方(317年~589年),佛教也传入了各个小国。

相比之下,唐朝相对太平,皇帝统治的政府系统任命了忠诚、训练有素的官员,而非不守规矩的贵族。唐朝的首都长安(现为西安)大约有100万居民,远远超过世界上任何其他都城的人口。唐朝的军队庞大,兵源来自中国5000万人口,兵力可碾压中亚的游牧民族。唐朝攻克或征服了周边几个地区，对朝鲜、日本、东南亚产生了强大的文化影响力。

唐朝还重新开放了能带来丰厚利润的丝绸之路，让中国可以直接联系波斯、中东、印度和中亚。唐朝的城市，尤其是长安，吸收了大量的外来文化，成为世界性的商业和技术中心。相应地，文学和艺术也蓬勃发展，尤其是格律诗以及陶瓷（瓷器首次亮相）和雕塑。木刻印刷术和活字印刷术也是唐朝首次使用，这使得唐朝的书籍出版比世界上其他任何地方都早了几个世纪。

从8世纪开始，唐朝开始衰落（始于751年唐军被阿拉伯军队击败，763年吐蕃军队占领了长安）。到10世纪初，中国再次分裂为多个小王国。960年，宋朝建立，其统治持续到了13世纪。

日本大化革新

根据日本的历史记载，公元前5世纪，来自本州岛中南部（今天的京都附近）的大和民族建立了天皇政权，控制了日本的大部分地区，实施着宽松政策。接下来的几个世纪，天皇一直统治着日本。

大约从5世纪开始，中国文化开始对日本的政体、宗教、建筑和文化习俗产生了巨大的影响。佛教理念由中国僧人传入日本，并于538年成为日本的官方宗教，这是日本社会变革的标志。在大和民族的霸权之下，古老的日本神道教（基于对自然、神灵和祖先的崇拜）和太阳女神"天照大神"并没有消失，而是与佛教在日本共存。

7世纪，圣德太子（572年~622年在位）效仿中国隋朝的方式建立了日本中央政府体系。大约640年，孝德天皇引入了进一步的改革措施（史称"大化革新"），旨在按照中国方式组建政府，通过建立中央集权的行政机构来加强朝廷的权力。8世纪早期建立的新都奈良，也是密切模仿唐朝都城长安而建。中国的文化影响在日本各个层面都有所体现：日本人仿照汉语发明了他们的官方语言，甚至有人认为，日本和服也酷似中国唐朝的服装。

784年，桓武天皇将都城迁至平安（今天的京都），此后，藤原氏开始摄政（直到1000年左右），而皇室家族惨遭囚禁。

伽色尼王朝

977年，一位前土耳其奴隶——娑匐特勤——成了伽色尼（今阿富汗加兹尼）的统治者，当时的伽色尼正处于波斯萨曼王朝的统治之下。后来，娑匐特勤推翻了萨曼王朝的控制，并和儿子兼继任者一起，将统治范围扩大到了今阿富汗的大部分地区。

998年，娑匐特勤的长子和最伟大的伽色尼统治者马哈茂德一起，继续扩张，占领了波斯城市雷伊和哈马丹，从此，帝国疆域西至里海，东至印度北部。据说，马哈茂德曾多次远征印度，洗劫和掠夺当地的寺庙和宫殿，屠杀了大量的百姓（仅一次袭击就屠杀五万印度人）。伽色尼城因这些战利品而变得富有，当时的人们对于这里华丽的建筑、图书馆和奢华的宫廷都叹为观止。

由于这是一个信仰伊斯兰教的王朝（伽色尼人已经摆脱了土耳其传统宗教），马哈茂德还把伊斯兰教带到了包括印度在内的新的疆域。1030年马哈茂德去世后，这个帝国开始分裂，主要是由于土耳其塞尔柱王朝的力量日益强大。随着帝国的衰落，伽色尼人将首都迁到了旁遮普的拉合尔。他们的势力仍然在印度西北部有所影响，直到1186年，古尔王朝（来自阿富汗中部的穆斯林王朝）占领了拉合尔，并将伽色尼城夷为平地。至此，伽色尼王朝的统治结束了。

欧洲

拜占庭帝国

当外族侵略者蹂躏西罗马帝国时，东罗马帝国及其首都君士坦丁堡（现在的伊斯坦布尔）依旧兴盛。东罗马帝国的第一任皇帝君士坦丁（324年~337年在位）推行宗教信仰自由政策，将基督教定为东罗马帝国的官方宗教。

君士坦丁堡横跨欧洲和亚洲，也是这两大洲之间甚至更远地方的商业活动枢纽，这给该城带来了巨大的财富。君士坦丁堡以其丰富的艺术和建筑而闻名，来自世界各地的珍宝装饰着城市的建筑。古希腊和罗马文化——从文学到法律——都得以保存，而基督教仍然是拜占庭帝国的中心。

后来，狄奥多西二世（408年~450年）和阿纳斯塔修斯一世（491年~518年）建造了巨大的塔楼和坚固的城墙，改善都城的防御系统，并增加了财政收入。从527年起，查士丁尼一世重建了都城的大部分地区。查士丁尼想把东西帝国重新变成一个统一的基督教大国，因而，他通过征服北非和意大利的部分地区来扩张帝国的疆域。他还收集和编纂了罗马的法律，其中一部分至今仍为欧洲法律所沿用。565年，查士丁尼去世后，拜占庭帝国的疆域已经从西班牙蔓延到波斯。

7世纪，穆斯林统治下的阿拉伯军队横扫波斯、中东、北非和西班牙。在674年~678年，他们分别从陆地和海上包围了君士坦丁堡，但未能占领它。8世纪和9世纪，宗教冲突（主要是针对宗教偶像崇拜问题的分歧）削弱了帝国的力量。由此，君士坦丁堡和罗马之间的神学分歧导致了1054年的东西方教会大分裂。1453年，君士坦丁堡被奥斯曼土耳其人占领，拜占庭帝国灭亡。

蛮族入侵

350年左右，"蛮族大军"——包括来自多瑙河下游和黑海地区的印欧部落的哥特人和汪达尔人——横扫西欧，探索新的土地，寻找财富。他们被迫西迁的原因是气候变化和人口增长。与此同时，匈奴人也凶猛来袭。可怕的匈奴人是中亚的一个游牧民族，他们已经征服了莱茵河和里海之间的大片地区。

蛮族的猛攻最终导致罗马三次被洗劫——第一次，387年，高卢人入侵；第二次，410年，西哥特人入侵（达契亚王国的哥特人，今罗马尼亚）；第三次，455年，汪达尔人入侵，他们在罗马逗留了两个星期，掠走了很多艺术品，导致了罗马帝国在西欧的统治结束。就在这个动荡时期，新的王国诞生了，比如法国的法兰克王国，又如英格兰——盎格鲁人、撒克逊人和来自德国和日德兰半岛的朱特人定居的地方。虽然匈奴人在高卢和意大利横行霸道，但自从其伟大领袖阿提拉在453年战败并去世后，他们就从视野中消失了。

在接下来的一个世纪里，拜占庭人击败了北非的汪达尔人和定居意大利的东哥特人（来自黑海地区的哥特人）。507年，曾经占领西班牙大部分地区的西哥特人被法兰克人打败，然后在8世纪，又被穆斯林入侵者吞并。568年，定居在匈牙利平原的日耳曼部落的伦巴第人入侵并占领了意大利，建立了伦巴第王国。该王国保持独立到773年，因法兰克人入侵意大利而遭到破坏。

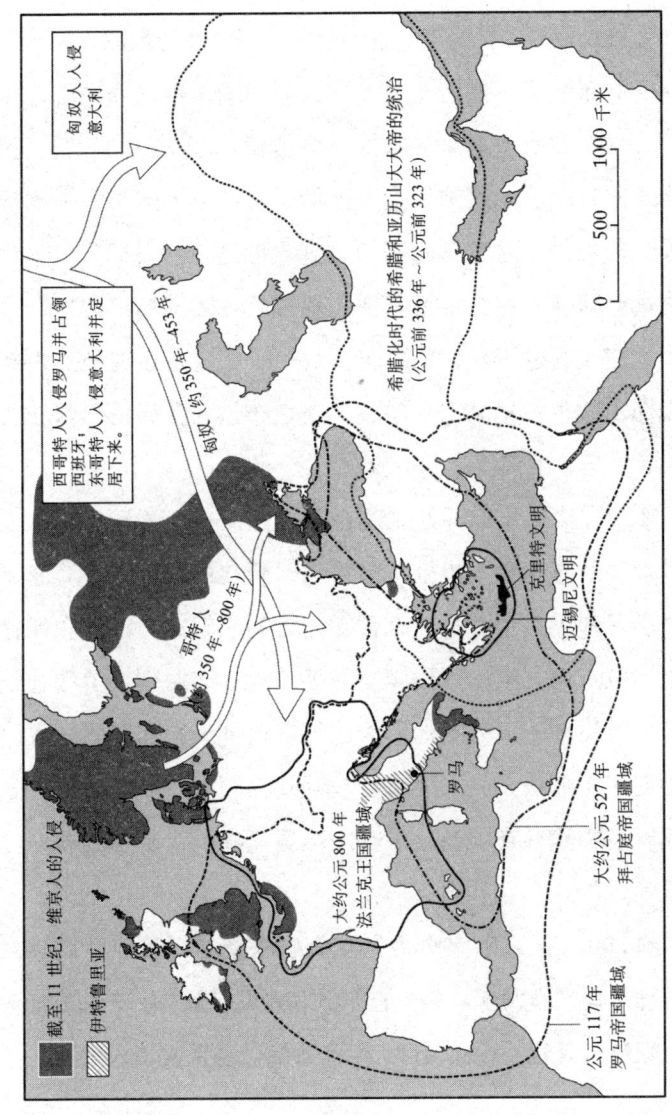

地理示意图 3 早期的欧洲帝国（公元前 336 年～公元 1453 年）

基督教的发展

蛮族入侵的动荡时期，也伴随着基督教在西欧的逐渐传播。公元 500 年前后，意大利人圣本笃创建了早期的修道院，修道士们在这里致力于基督教事业，并遵循一套严格的规则（《本笃会规》）生活。追溯到上个世纪，英格兰人圣帕特里克冒着生命危险在爱尔兰传播基督教，到 6 世纪初，大部分爱尔兰人都信奉基督教。到 7 世纪末期，基督教在英国广泛传播，这在某种程度上得益于他们的辛苦奔波——坎特伯雷的圣奥古斯丁（受命于教皇格里高利）前往英格兰布道、圣科伦巴前往苏格兰传教、圣大卫前往威尔士宣道。

随后，修道士们开始到高卢和德国旅行，逐渐使原本崇拜异教神灵的日耳曼人皈依了基督教。新建的修道院也演变成重要的学习和工艺中心，教育住在附近的年轻人，抄写和保存古希腊和拉丁语文献，创作漂亮的手工绘本，制作精美的金银器具，同时耕种周围的土地，为旅行者提供庇护和照顾病人。修道士们还担任法兰克王国基督教领袖的顾问，随着王国扩张到西欧以及中欧（查理曼大帝时期达到顶峰），基督教的地位得以巩固。

到 800 年，西欧完全由基督教国王统治，传教活动（大部分由拜占庭教堂发起）集中在东欧和中欧。比如，9 世纪，斯拉夫人皈依基督教；10 世纪 80 年代后期，基督教传入俄国。

法兰克王国和查理曼大帝

法兰克是一个尚武的民族,最早居住在今天的比利时。当时,他们中的一支文明迁徙到了法国高卢,并建立了墨洛温王朝。他们对西欧形成的影响比其他蛮族更大。

481年,颇具权势的部落首领克洛维成为西法兰克人的统治者,他皈依了基督教,并将如今法国的大部分领土和德国的一半领土置于自己的统治之下。于是,墨洛温王朝逐渐控制了附近的小国。到8世纪末,法兰克人统治了西欧的大部分地区。

732年,阿拉伯军队从西班牙入侵法国,但在普瓦捷被法兰克领袖查理·马特击败。于是,法国和西欧大部分地区摆脱了阿拉伯的统治。768年,查理的孙子查理曼统治了法兰克王国(也称为加洛林王朝)。他热衷于将欧洲基督教化,并捍卫和扩大自己的疆界,因此,将帝国扩展到了西班牙、德国和意大利的大部分地区。在东方,查理曼还击败了阿瓦尔人(类似匈奴的亚洲好战民族),还在此过程中征服了一些斯拉夫人。

查理曼还将伦巴第人赶出了意大利,并将其土地归还给教皇。800年的圣诞节,他被教皇利奥三世邀请到罗马,被加冕为"神圣罗马皇帝"。这里的"神圣罗马"就是"神圣罗马帝国"的雏形,该帝国是中欧领土的联盟和十字军东征的主要推动力。

查理曼大帝是一个受过良好教育的人,他完善了法律体系,鼓励教育,促进了艺术和学习,导致了该朝代的文艺复兴运动,这就是著名的加洛林文艺复兴。814年,查理曼死后,他的三个孙子将查理曼帝国分割为法国、意大利和德国。从此，帝国分崩离析。

维京人（北欧海盗）

维京人是在大迁徙时期定居在斯堪的纳维亚的蛮族后裔。从8世纪到11世纪，这个令人生畏的商人和海盗部落（其中最凶猛的被称为"狂暴战士"）开始了一段非同寻常的扩张时代，他们驾驶大船攻击欧洲海岸，最远到达直布罗陀海峡，他们航行到遥远的未知海域，寻找新的土地和贸易。

9世纪，达尔里亚达国王肯尼思一世、格温内思郡国王罗德里莫尔和威塞克斯国王阿尔弗雷德（后来，他们分别建立了苏格兰、威尔士和英格兰王国）击退了连续袭击英国海岸的海盗，因此，维京人在不列颠群岛的定居点仅限于英格兰北部（丹麦区）和都柏林周边地区。但是，维京人依旧继续进攻，在1016年~1035年，丹麦国王克努特统治了英国。他的统治结束之后，维京人在英格兰的力量遭到了摧毁；而在都柏林，直到1014年克伦塔夫战役（Battle of Clontarf）之后，维京人的威胁才被解除。

在欧洲的其他地方，维京人袭击了遥远的内陆，沿着主要河流航行（如果需要跨河，他们会在河流间短距离拖船）。他们在地中海与欧洲人和阿拉伯人作战，并沿俄罗斯西部的河水顺流而下，到达君士坦丁堡，在那里充当雇佣军。然后乘着结实的船只向西航行，首次抵达冰岛、格陵兰岛和北美洲。

维京人定居之后，通常以农民和工匠的身份谋生。他们吸收了所遇到的文化元素，同时传播造船、航海和贸易知识，还创造了精美的装饰性金属制品和史诗般的传奇诗歌。在法国北部的诺曼底，维京殖民者与法兰克人融合，他们的后裔诺曼人（北方人）继续在欧洲拥有强大的势力。

斯拉夫人和马札尔人

斯拉夫人是一个广泛的民族群体（他们的历史和起源大部分没有记载），他们的语言是印欧语系的各种斯拉夫语。

他们还有其他很多名字，比如安特人或威尼西人。在5世纪和6世纪的大迁徙中，他们向西迁移，定居在波罗的海、易北河、莱茵河（540年围攻君士坦丁堡）、亚得里亚海和黑海地区。此后，他们建立了多个斯拉夫政权，并于681年建立了第一个保加利亚帝国，这里的语言是保加利亚斯拉夫语。拜占庭帝国的传教活动（也就是圣西里尔和圣梅索迪乌斯俩兄弟发起的活动，据说他俩发明了最早的斯拉夫字母）导致南部斯拉夫人在9世纪加入了东正教会。

东部的斯拉夫人占领了黑海沿岸的河谷和基辅附近的山丘，他们早期的定居点和城镇奠定了未来俄国的基础。9世纪，维京人沿着俄罗斯长河溯流而上，征服了东部斯拉夫人，把他们中的一些人作为奴隶卖到了南方［"斯拉夫"（Slav）这个名字最终成为了"奴隶"（slave）的代名词］。维京人的北欧异教徒的影响又持续了一个世纪，而拜占庭和基辅之间的关系在整个 10 世纪持续加强，并于 987 年达到顶峰。同年，基辅大公弗拉基米尔最终为自己也为俄国人民接受了正统基督教（这是俄罗斯历史和文化的转折点）。

还有一支东欧民族就是马札尔人。他们在 9 世纪定居在匈牙利和罗马尼亚（来自俄罗斯的伏尔加河地区），他们在北欧海盗肆虐的时候进入了中欧和西欧。955 年，他们在莱希费尔德战役（Battle of Lechfeld）中被德意志国王奥托一世击败。奥托继而征服了从莱茵河到易北河以外的土地，也征服了生活在那里的斯拉夫人。

东西教会大分裂

拜占庭东正教和罗马天主教在神学和政治上的分歧越来越大，最终导致两者于 1054 年永久分离，这是教会历史上的分水岭，被称为大分裂（或东西教会大分裂）。

自从 4 世纪罗马帝国分裂为东、西两半，首都从罗马转移到君士坦丁堡以来，这两座城市之间的隔阂就一直存在。君士坦丁堡的日益强大及其作为伊斯兰教和基督教之间战场的突出地位威胁着罗马教会的地位。然而，与西方教会不同的是，东方教会越来越受到主教之间激烈的神学争论的冲击。

东西方文化和语言的差异——东方神学植根于希腊哲学，而西方神学则以罗马法为基础——逐渐导致对基督教教义的不同理解，最明显的是教皇至上和圣父圣子圣灵三位一体的关系（罗马教会信仰圣子）。

1054年，罗马教皇利奥九世在教区内禁用希腊语，而君士坦丁堡牧首米恰尔·色路拉里乌斯在教区内禁止拉丁语。于是，两教通过各自的官方代表互相开除对方教籍，双方正式决裂，从此互不承认。君士坦丁堡后来成了东正教教堂，西方教堂则成了罗马天主教堂，两者之间的裂痕从未得到弥合（尽管近年来双方重新开始对话，1965年两教都撤销了互开教籍的决定）。

美洲

墨西哥特奥蒂瓦坎城、瓦里和蒂瓦纳科帝国

美洲第一座大城市叫作特奥蒂瓦坎（意为"众神之城"），建在墨西哥中部高原上，距今天的墨西哥城东北30英里（约48公里）处。在250年~650年的鼎盛时期，特奥蒂瓦坎的面积达8平方英里（约21平方公里），城里居住着15万多居民。这座城市由奥尔梅克人的继承者们建造，两三个世纪以来，它一直是主要的宗教和贸易中心，还将火山玻璃黑曜石等产品卖给玛雅人。

与其他美洲城市不同的是，特奥蒂瓦坎的城市规划严谨，呈方格状布局，包括多层住宅区、作坊区、无数广场，以及以大型金字塔为主导的祭祀中心（太阳金字塔，宽210米，高65米，是美洲前哥伦比亚时代最大的建筑），还有一条中央公路，

布满了一排排的神龛和坟墓，被称为"亡灵大道"。同样值得注意的是，特奥蒂瓦坎还有数千幅色彩缤纷的壁画，那是对神秘神灵的抽象描绘，装饰着许多城市的神龛和房屋。到750年，特奥蒂瓦坎被摧毁，可能是由南下进入墨西哥的入侵者造成的，他们就是后来著名的托尔特克人。

2008年，考古学家在安第斯山脉中部发现了另一座位于秘鲁北部的古城，名为瓦里（或华里）。据估计，瓦里大约有10万人口，在9世纪达到鼎盛。在艺术风格上，它们的建筑与玻利维亚西北部的的的喀喀湖附近的蒂瓦纳科发现的伟大纪念碑非常相似，尤其是坚固的石拱门——被称为"太阳之门"。瓦里帝国和蒂亚瓦纳科帝国——这两个帝国可能控制了安第斯山脉中部的大部分地区，直到10世纪才双双灭亡。

玛雅人

美洲前哥伦比亚时代最先进、最长久的文明是玛雅文明，位于墨西哥南部和危地马拉。

玛雅文明延续了邻近奥尔梅克文明的一些传统（比如庙宇建筑），在4~8世纪达到了鼎盛时期，不过，玛雅文明以城镇的形式存在，可以追溯到公元前600年左右。

在鼎盛时期，玛雅人的土地被分割成五十多个城邦，每个城邦的人口从五千到五万不等。这些城邦虽然冲突频繁，但有着良好的道路连接，分享着相同的文化，由复杂的王朝联盟管理。

最著名的城市是坐落于危地马拉低地的蒂卡尔，但好景不长，从378年开始，玛雅人受到墨西哥城市特奥蒂瓦坎的影响之后，蒂卡尔就不再活跃了。

每个城市都有一座宫殿，以及建在金字塔上的巨大石庙（可能仿自特奥蒂瓦坎的寺庙），里面装饰着雕塑和色彩缤纷的壁画。大多数玛雅人都在土地上劳作，他们砍伐雨林，并在砍伐后的田里种植玉米等农作物（玛雅人的不同寻常之处在于，他们的文明起源于雨林，而不是河漫滩）。

大约从790年开始，玛雅的许多低地城市突然衰落，到950年，原本200万左右的人口减少至几万。其突然衰落的原因不得而知，但是土壤被侵蚀可能是一个因素。玛雅文明在危地马拉高地和墨西哥的尤卡坦半岛以极小的规模幸存下来，直到16世纪西班牙征服者的到来。时至今日，约有400万人仍在说着某种玛雅语言。

玛雅文化

玛雅遗址揭示了玛雅文明的深度和复杂程度，但直到最近30年，历史学家们通过解码玛雅的复杂文字系统，才对其成就和信仰系统有了更深入的了解。

玛雅语言是用象形文字书写的，要么代表物体或概念的抽象含义，要么代表一个单词的音节。据我们所知，玛雅文字是美洲前哥伦比亚时代唯一能全面代表口语的书面语言。曾经有成千上万的书籍或法典由树皮纸装订而成,但大部分被西班牙征服者毁坏,现在只存留四本。

凭借在数学和天文学方面的专业知识,玛雅人发明了一套复杂精密的历法系统。就像特奥蒂瓦坎人和许多其他前哥伦比亚文明时代的人一样,玛雅人崇拜美洲虎和其他几十个神。活人祭祀也是玛雅宗教崇拜的一部分,那些用于祭祀的人确信在地狱里会过得很好。球类运动是这种祭祀仪式的项目之一,每个玛雅城市都有一个球场,代表通往冥界的大门。球赛常在战斗之后举行,战争结束后,俘虏们将被供奉给神灵。

托尔特克人

托尔特克人是墨西哥北部的一个民族。8世纪,他们在其领袖米斯科特尔(意为"云蛇神")的领导下,洗劫并烧毁了特奥蒂瓦坎城,导致了特奥蒂瓦坎的灭亡。

后来,米斯科特尔的儿子托皮尔岑在墨西哥城以北大约50英里(约80公里)的地方建立了托尔特克首府托兰(意为"芦苇之地"),即今天的图拉。这座城市发展迅速,城市中心有一座宫殿,还有球场,以及装饰着巨大石像的金字塔庙宇,其中有一座巨大的庙宇,供奉着首领羽蛇神(羽蛇神的形象出现在特奥蒂瓦坎,并贯穿着墨西哥的前哥伦比亚时代)。托兰城的面积为13平方英里(约34平方公里)左右,支撑着三到六万人口的生计。

10世纪晚期，托皮尔岑和其他羽蛇神的崇拜者一起，向东迁移并定居在前玛雅城市奇琴伊察。在那里，他们建造了既有玛雅风格又有托尔特克风格的建筑。托尔特克人也以其精美的金属制品和雕塑，以及在奇琴伊察发现的查克穆尔神像而闻名。查克穆尔神像很奇特，它们的身体斜躺，肚子上摆着个空盘子，据说是用来装那些在宗教仪式中牺牲者的心脏。

托尔特克人是一个好战的民族，他们在11世纪和12世纪的一系列军事征服之后，控制了墨西哥中部的大部分地区。但在12世纪中叶，他们最终被游牧民族奇奇梅克人（来自北方的印第安部落，包括阿兹特克人）击败，后者还洗劫并摧毁了托兰城。

第四章

世界民族大迁徙

(1050 年~1700 年)

中东和非洲

伊斯兰教穆拉比特王朝和穆瓦希德王朝

伊斯兰教穆拉比特王朝是摩洛哥的一个柏柏尔人王朝。1062年,柏柏尔人建立了马拉喀什城,并将西撒哈拉地区和阿尔及利亚西部的部分地区置于其控制之下。1075年,他们还征服了加纳帝国,1086年,他们在西班牙的阿兹-扎拉卡战役(Battle of az-Zallaqah)——也就是萨拉卡战役(Battle of Sagrajas)中击败了阿方索六世的基督教军队。

1100年,穆拉比特王朝已经控制了整个伊斯兰教西班牙(安达卢斯),他们的帝国从西班牙延伸到非洲西北部的阿尔及利亚,绵延约3000英里(约4800公里)。然而,穆拉比特王朝的霸权是短暂的。1147年,他们的国王被另一个来自摩洛哥的柏柏尔人政权杀害,穆拉比特王朝就此灭亡。

穆瓦希德人占领了马拉喀什,然后是整个摩洛哥,还有阿尔及利亚、突尼斯、利比亚和毛里塔尼亚,以及伊斯兰教西班牙。1172年,他们将首都迁至西班牙塞维利亚,并控制了安达卢斯,直到1212年,在莫雷纳山脉的纳瓦斯德托洛萨战役(Battle of Las Navas de Tolosa)中,他们被西班牙和葡萄牙的亲王联盟击败。1236年和1248年，科尔多瓦和塞维利亚落入基督教政权的手中。1248年，格拉纳达酋长国是安达卢斯仅存的政权，由西班牙最后的摩尔人（摩尔人是指非洲和阿拉伯血统的柏柏尔人）建立的纳斯里德王朝统治。在北非，由于当地人的叛乱，穆瓦希德人逐渐失去了自己的领土。1269年，摩洛哥的一支游牧部落建立的马林王朝接管了摩洛哥的统治。

西非的马里帝国和桑海帝国

加纳帝国的衰落导致了西非曼丁卡人的崛起，1230年左右，他们建立了马里帝国，这是非洲最大的贸易帝国之一。

马里帝国（如今的伊斯兰教马里国，国名随着创始人和领袖松迪亚塔的名字而转变）很快控制了利润丰厚的撒哈拉沙漠商队贸易。帝国南部有三座巨大的金矿，因此，该帝国也是黄金和盐的主要供应国，为"旧世界"供应了一半的黄金。凭借高效的管理和半专业化的军队，马里帝国搜刮了大量的财富和土地，在1350年的鼎盛时期，帝国疆土囊括了整个塞内加尔盆地，向内陆延伸了1000英里（约1600公里），管理着四百多个城市——当时的疆域仅次于蒙古帝国。但是，大约在1450年，桑海帝国（马里帝国以前的伊斯兰教附属国之一）攻占了马里帝国的领土，马里帝国失去了控制贸易路线的能力。

桑海帝国第一任皇帝桑尼·阿里（1464年~1492年在位）很快就控制了马里帝国剩余地区及其周边王国。在此过程中，他保护了几条重要的贸易路线和一些城市（包括今天马里的廷巴克图），并继续进行黄金贸易。15 世纪时，欧洲对黄金的需求量很大。后来，穆罕默德·杜尔将军（通过政变）建立阿斯基亚王朝时，桑海帝国的国力达到了巅峰。16 世纪初，桑海帝国占地约 54 万平方英里（约 140 万平方公里），代表着迄今为止非洲最大的帝国。然而，因为随后的统治者的软弱导致了帝国的衰落。1591 年，帝国被摩洛哥人占领。17 世纪时，帝国分裂成若干小国。

西非诸国、大津巴布韦和斯瓦希里海岸

伟大的马里帝国和桑海帝国被西非海岸附近形成的其他文明赶超了，其中两支主要文明就是伊费城的约鲁巴和贝宁王国的埃多。

伊费城位于尼日利亚西南部，在 9~12 世纪之间发展成为大型定居点。这座城市因在 1200 年~1400 年大量生产的青铜、石头和陶土雕塑而闻名。此后，政治和经济权力转移到邻近的贝宁（位于尼日利亚南部）。到 1100 年，贝宁发展成为主要的贸易城市，并在 1450 年左右达到顶峰。在 16 世纪和 17 世纪，贝宁与葡萄牙和荷兰展开了奴隶贸易，因此变得富有。

在非洲南部，古宫殿城市大津巴布韦从 11 世纪开始兴起。它位于金矿、铜矿和港口之间，地理位置优越，统治者通过向远至印度和中国的出口来换取亚洲的奢侈品，从而变得富裕。

日益增长的财富让修纳人建立了一个繁荣富强的帝国，大津巴布韦就是帝都，它的疆域于1450年达到顶峰，又因周边土地贫瘠而逐渐衰落。16世纪，葡萄牙人开始入侵，1684年，大津巴布韦最终被罗兹韦帝国兼并。

在非洲东海岸，最早出现于700年的阿拉伯人在此定居，且仍然主导着贸易，在11~15世纪，建成了三十多个阿拉伯新城。斯瓦希里人（居住在东海岸的班图人）充当了非洲内陆与印度和中国贸易之间的桥梁。10~15世纪，凭借这种繁荣的贸易所产生的财富，斯瓦希里人在沿海和岛屿上建立了若干伊斯兰教城邦，兼有阿拉伯和非洲的风格。

葡萄牙人探险和大西洋奴隶贸易

整个15世纪，葡萄牙人都在寻找通往亚洲的海上航线，同时也在探索非洲的西海岸。他们在那里建立了贸易站，并在相对平等的基础上与西非诸国交易商品。

1488年，巴托罗缪·迪亚斯绕过了非洲南端的好望角之后，另一位葡萄牙探险家瓦斯科·达·伽马开辟了欧洲和东方之间的海上贸易路线。他三次航行到印度，成为葡属印度的总督。因此，葡萄牙首先占有了这个利润丰厚的市场。

在欧洲与非洲最初的贸易中，奴隶交易少之又少，肯定不会超过世界其他地方（中世纪早期，数百万黑人被法兰克人、维京人、阿拉伯人和希腊人奴役）。大体上，横跨大西洋的奴隶贸易始于14世纪末和15世纪，那时，先是葡萄牙人和西班牙人，然后是荷兰人、英国人和法国人，陆续在新大陆建立了殖民地。到了17世纪中叶，非洲西海岸建起了四十多个奴隶要塞，从内陆运来的非洲奴隶将要从这里被卖往新大陆的殖民地（这种贸易模式在18世纪明显增加了）。1650年~1850年，1150万非洲人被运去卖作奴隶。

塞尔柱土耳其人

11世纪中叶，一群伊斯兰教土耳其游牧民，即塞尔柱人，从中亚迁移到波斯（可能是由于中国唐朝的灭亡所导致），在此过程中驱逐了伽色尼人。然后，他们前往巴格达，并受到了阿拔斯哈里发的欢迎，后者将其首领托格兹·贝格任命为摄政王，命名为苏丹。

在占领叙利亚和巴勒斯坦之后，托格兹的侄子阿尔普·阿尔斯兰又入侵了小亚细亚和亚美尼亚。1071年，他们在曼兹科特战役（Battle of Manzikert）中成功地击败了拜占庭帝国，在这场战役中，拜占庭皇帝罗马诺斯被俘，但后来被释放。接着，塞尔柱人开始在小亚细亚大量定居，并把定居地命名为"罗姆苏丹国"（阿拉伯语意为"罗马帝国"，暗示他们是旧罗马帝国的继承者）。小亚细亚的大部分地区由基督教改信伊斯兰教，土耳其语逐渐取代了希腊语。

塞尔柱人也是公认的文学和艺术的伟大守护者，其中大部分融合了中亚、伊斯兰教和安纳托利亚风格。波斯数学家兼诗人欧玛尔·海亚姆（1050年~1123年）——《鲁拜亚特》的作者——就生活在塞尔柱人统治的时代。

因为土耳其人挑战了拜占庭帝国、占领了耶路撒冷圣地（直到1098年），于是，1095年，教皇乌尔班二世发动了一场针对塞尔柱土耳其人的圣战或十字军东征。前两次十字军东征期间，塞尔柱帝国实力遭到了削弱（部分原因是其诸侯国之间的内讧）。最终，该帝国在13世纪蒙古入侵期间分裂成若干独立的小国家。其中一个位于小亚细亚的小酋长国后来演变成伟大的奥斯曼帝国。

十字军东征

1095年，教皇乌尔班二世呼吁西欧贵族从伊斯兰教土耳其人手中夺回巴勒斯坦，接下来就是在中东近两个世纪的军事行动，即十字军东征。

土耳其对耶路撒冷圣物的亵渎和掠夺导致成千上万的基督徒奋起从事反抗异教徒的神圣事业。虽然土地所有权、财富和声望等形式的商业利益日益成为十字军的激励因素，但他们也希望得到精神上的救赎。

第一次十字军东征由诺曼人领导，包括来自法国、德国和意大利南部的军队。经过两年的征战，穆斯林居民遭到屠杀，之后，1099年，耶路撒冷被十字军占领。十字军占领耶路撒冷将近一个世纪，直到 1187 年，耶路撒冷被埃及、叙利亚、也门和巴勒斯坦的苏丹萨拉丁占领（连同大部分十字军占领地）。萨拉丁的胜利震惊了整个欧洲，促成了第三次十字军东征，由法国国王菲利普二世、英国国王理查一世（狮心理查）和神圣罗马帝国皇帝巴巴罗萨·腓特烈一世率领。他们成功地占领了阿克，但未能占领耶路撒冷，尽管商人和手无寸铁的朝圣者可以进入这座圣城，但它仍在穆斯林的控制之下。

在第四次十字军东征期间，威尼斯人的商业利益导致十字军洗劫了君士坦丁堡；在第六次十字军东征中，耶路撒冷被暂时收复，但在 1244 年再次失守。1291 年，在第九次十字军东征期间，阿克城最后的基督教要塞陷落，这标志着十字军东征的彻底终结。

尽管经历了 200 年的不断战乱，巴勒斯坦的大部分地区仍掌握在穆斯林的手中。然而，商业贸易在十字军东征期间蓬勃发展，异国情调的中东商品以及阿拉伯的创新和构想（比如，阿拉伯数字和灌溉技术）被带到了欧洲。这种经济和文化交流的刺激给欧洲文明带来了巨大的好处，并在一定程度上促成了文艺复兴的开端。

奥斯曼帝国的崛起

1293 年之后，在小亚细亚东部的一个酋长国，一位名叫奥斯曼的王子（其后裔在西方被称为奥斯曼人）宣布从塞尔柱土耳其独立出来。当时,逃离了蒙古入侵的伊斯兰教游牧民向奥斯曼伸出了援助之手,协助他逐渐征服了这个地区的其他加齐酋长国("加齐"意为"誓与异教徒战斗的穆斯林勇士"),并引入了伊斯兰教的法律和政府理念。随即,他的继任者接管了小亚细亚和巴尔干半岛的大部分地区。

1453年,奥斯曼帝国对君士坦丁堡的征服是历史的转折点,这预示着拜占庭帝国的灭亡和奥斯曼帝国长期统治的开始。君士坦丁堡,也就是现在的伊斯坦布尔,成了伊斯兰教帝国的首都。暴君塞利姆一世(1512年~1520年在位)将埃及、叙利亚和波斯的萨非王朝部分地区并入帝国领土,加上巴勒斯坦和希腊,奥斯曼帝国实际上统治了以前的东罗马帝国。

后来,在苏莱曼大帝(1520年~1566年)的统治下,帝国达到了顶峰。苏莱曼进一步深入欧洲,1526年,他打败了匈牙利,并将三分之二的领土并入自己的帝国(在此过程中杀死了匈牙利国王和几乎所有的匈牙利贵族,并俘虏了10万名囚犯)。苏莱曼被称为"东方立法者",也是一位著名的管理者,重建了奥斯曼帝国的法律体系,并主持修建清真寺、宫殿、医院和学校。同时,他还是一位杰出的诗人和金匠,也是帝国艺术和文化的伟大守护人。

在北非海军上将哈耶耳·阿尔丁(欧洲人称之为"巴巴罗萨",意为"红胡子")的帮助下,苏莱曼统治了地中海东部。到16世纪中叶,奥斯曼帝国的疆域已远及北非的阿尔及利亚,包括中东和东欧的大部分地区,约60万平方英里(约155万平方公里），是当时世界上规模最大和实力最强的帝国。

奥斯曼帝国：复兴与衰落

1571年，在希腊西部海岸的勒班陀战役（Battle of Lepanto）中，奥斯曼帝国遭受了第一次重大失败。由威尼斯、西班牙、教皇和热那亚等组成的神圣联盟舰队对奥斯曼帝国的海军造成了严重的破坏，摧毁或俘虏了大约200艘土耳其船只。虽然基督教列强认为，这是对奥斯曼人的决定性打击，但对奥斯曼人的长期影响甚微，因为奥斯曼人重建了海军，并继续控制地中海东部一个世纪。

然而，尽管奥斯曼帝国的军队仍然足够强大，足以阻止叛军并大获全胜，但奥斯曼帝国内部的分裂迹象开始显现，在一系列软弱的国王统治之下，各行政区开始自立。在穆拉德三世（1574年~1596年）统治时期，帝国占领了阿塞拜疆和高加索，国力甚至还在发展，但在下一个世纪早期，这些领土连同伊拉克一起失去了，1645年~1669年与威尼斯的战争使君士坦丁堡暴露在威尼斯海军的攻击之下，但奥斯曼帝国最终取得了胜利，并保住了塞浦路斯。

接下来，奥斯曼帝国渴望在欧洲中心奥地利首都维也纳取得战略优势。转折点出现在1683年，当时一支15万人的奥斯曼帝国军队包围了这座城市三个月，然后在波兰国王约翰三世率领的欧洲联军的压力下被迫撤退。这标志着奥斯曼帝国进军欧洲的终结。

随即，欧洲内战导致奥斯曼帝国丧失了许多东欧领土。面对实力日益强大的俄罗斯帝国，奥地利帝国仍然是一个严重的威胁。到了19世纪，奥斯曼帝国——这个曾经是世界上最强大的国家——被一些人嘲笑为"欧洲病夫"。

波斯萨非王朝

萨非王朝（1502年~1736年）在波斯是一个寿命相对短暂但影响巨大的政权。它将伊斯兰教什叶派带到了该地区（现在仍在那里），并奠定了伊朗国家的基础，其边界与今天的伊朗大致相同。

萨非人来自今伊朗的阿尔达比勒省，名字来源于其创建者萨非·阿尔丁。1501年，他们的领袖伊斯玛仪一世自立为波斯国王，在接下来的10年里征服了整个波斯以及伊拉克的巴格达和摩苏尔。他还让这些省份的大部分逊尼派信徒皈依什叶派。

1514年，伊斯玛仪一世被奥斯曼帝国的塞利姆一世打败。萨非王朝与西边的逊尼派奥斯曼人和东边的乌兹别克人持续战斗，因此失去了巴格达和库尔德斯坦，首都也不得不迁至波斯西部的伊斯法罕。

1588年，伟大的沙赫（沙赫即"国王"之意）阿拔斯一世（1588年~1629年在位）继位。他组建了一支常备军，赶走了入侵的乌兹别克人，重新夺回了被奥斯曼帝国占领的领土和巴格达。他还将葡萄牙商人驱逐出波斯湾，并于1622年重新占领了奥尔穆兹岛。

阿拔斯的军事胜利和有效的行政管理方式让波斯人民团结在了一起。萨非王朝与西方的贸易蓬勃发展，阿拔斯鼓励工业（包括著名的编织地毯）和艺术发展，让波斯实力不断增强。首都伊斯法罕拥有众多清真寺、宣礼塔和凉亭，已成为伊斯兰世界最重要的建筑中心之一。阿拔斯去世后，萨非王朝逐渐衰落。1722年，萨非被阿富汗人征服。1736年，萨非又被波斯国王纳迪尔沙征服。

远东

日本的统一

自从12世纪以来，日本一直由军事领袖幕府将军（意为"大将军"）统治，而他们用武士阶级的方式来制定法律和秩序，并管理大片土地。

到了16世纪，室町幕府垮台，日本陷入内战，其大领主和大名不断为权力而战。1543年，葡萄牙商人和耶稣会传教士抵达日本，首次在日本和西方之间开展了商业和文化交流。日本统治者欢迎外国人的到来，欧洲的技术和武器给他们留下了深刻的印象。大名织田信长用这种新式武器打败了其他大名，于1568年占领京都，并于1573年废黜了最后一位室町幕府将军。

织田信长一掌权就对军队进行现代化改造，还重建了道路，并通过禁止垄断来刺激贸易和商业。但是，日本人民都熟知他的残暴，他曾下令屠杀反对他的佛教武僧。

1582年，织田信长被迫自杀（在一次叛乱贵族的袭击中），他的将军丰臣秀吉掌权。到1590年，丰臣秀吉扩大了势力，统一了日本大部分地区。他两次入侵朝鲜，但他的军队被中国和朝鲜联军赶了回来。丰臣秀吉也因其文化积淀而闻名，比如，他下令只有武士才能携带武器，他甚至把日本茶道作为一种谈论商业和政治的方式推广开来。

1598年，丰臣秀吉去世后，德川家康赢得了关原之战（Battle of Sekigahara），并于1603年自立为幕府将军，在江户建立德川幕府（今东京），从此，日本进入著名的江户时代，该时代一直持续到1868年明治维新。到1639年，除少数荷兰人外，所有欧洲人都被驱逐出境，所有日本人都被禁止出国，于是，日本开始了长达两个世纪的闭关锁国时期（称为"江户锁国"）。

蒙古帝国

蒙古人是来自中亚的游牧部落，他们与其他突厥部落一起摧毁了亚洲大部分地区、波斯和俄罗斯南部，建立了世界上最大的帝国之一——蒙古帝国。蒙古人所造成的破坏，以及数百万人的生命损失，在规模上可与黑死病和20世纪的两次世界大战相提并论。

几个世纪以来，蒙古人一直威胁着中原。但直到成吉思汗（意为"世界统治者"）领导时期才建立了统一的蒙古帝国。1215年，强大的蒙古军队一举拿下了中都（现在的北京）。成吉思汗和他的后继者们指挥着一支13万人的大军，然后向西进发，征服了波斯、亚美尼亚、印度北部、欧洲俄罗斯和东欧（占领东欧的时间短暂），包括波兰和匈牙利。他们骑在马背上作战，凭借杰出的战略、绝对的凶狠和精湛的技术赢得了战争（他们是第一批在战争中使用火药来对抗欧洲军队的人，这是他们从中国人那里学来的）。他们的野蛮行径相当于许多人所说的"灭绝人性"，特别是在波斯、阿富汗和印度的城市，据说这些地方被他们杀得片甲不留。在美索不达米亚平原，蒙古军队还摧毁了重要的灌溉系统，使曾经肥沃繁荣的省份变成了荒凉的沙漠（直到今天仍然如此）。

1227年，成吉思汗死后，仍在扩张的蒙古帝国被他的子孙瓜分了。1279年，他的孙子忽必烈打败了宋朝，统一了中国，成了蒙古王朝的第一位皇帝。蒙古帝国独家垄断了丝绸之路的贸易路线，东西方之间的贸易蓬勃发展，忽必烈欢迎外国商人来到中国，包括威尼斯商人马可·波罗，他后来的游记讲述了伟大的东方文明故事，震惊了欧洲人。

然而，蒙古帝国带来了毁灭性的人员伤亡，某些历史学家估计，约有3000万人在蒙古人的铁骑下丧生：中国人口减少了一半，伊朗高原的人口减少了四分之三。不过，令人欣慰的是，由于继承权之争、不当的行政管理和地方叛乱导致了蒙古帝国的解体，它只是昙花一现。到1368年，明朝军队已经把蒙古人赶出了中国，蒙古帝国的广大疆域基本上分崩离析。

帖木儿王朝

14世纪末，中亚有一位自称是成吉思汗后裔的军事领袖发动了一系列血腥的征战，试图重建当时已经灭亡的蒙古帝国。在1364年~1405年，这个被西方人称为"蒙古帖木儿"或跛子帖木儿的人，组建了一支威猛的骑兵部队，他们在前往小亚细亚的途中横冲直杀，然后再返回来占领了波斯、伊拉克、叙利亚、阿富汗和俄罗斯的部分地区。

1386年~1394年间，帖木儿入侵了格鲁吉亚和亚美尼亚，奴役了大约六万人。1398年，他入侵印度，屠杀了几乎所有的德里居民（据说，通往德里的道路上一连数月横尸遍野）。1399年，帖木儿入侵叙利亚，杀害了大马士革的所有居民，只留下了当地的工匠，并把工匠们送回了他的首都撒马尔罕（现在乌兹别克斯坦境内）。1401年，他占领了巴格达，屠杀了两万名穆斯林。1402年，他入侵小亚细亚，在安卡拉附近打败了奥斯曼人。

他的最终目标是征服中国，在1404年，他开始准备进攻明朝的军事行动，但在1405年，他在前往中国边境的途中死于发烧和瘟疫。他的残暴而恐怖的统治结束了。1507年，他的帝国也瓦解了。但他留下了一个最著名的穆斯林后代——创建莫卧儿帝国的巴布尔。

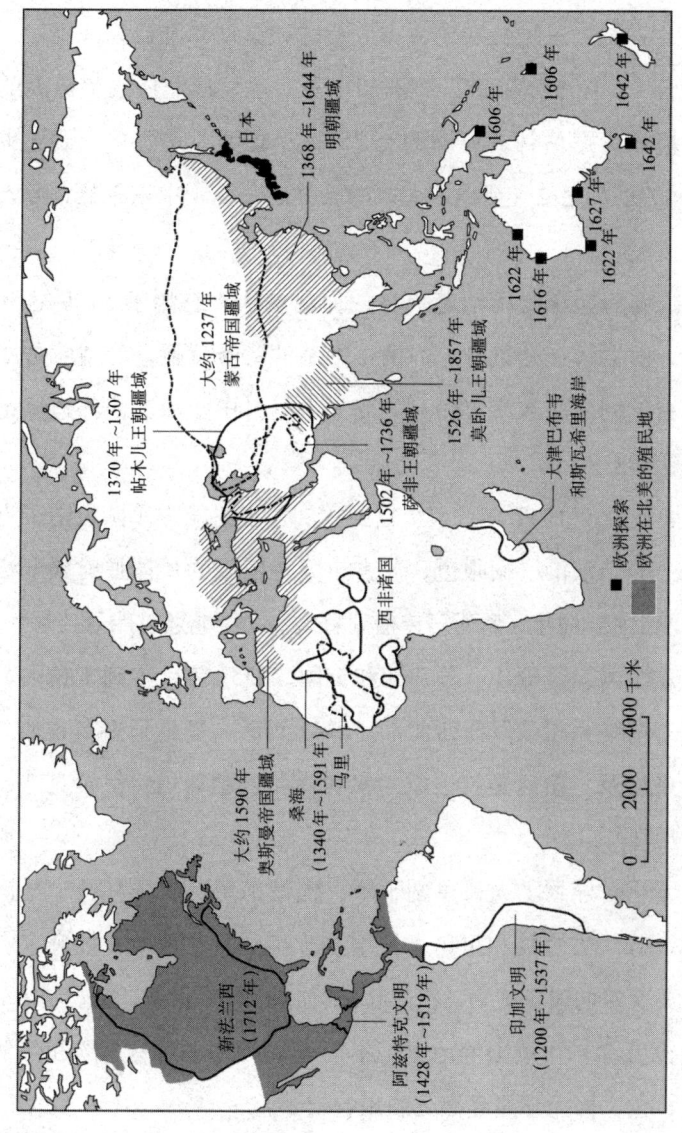

地理示意图 4 新的帝国和探索（1237 年~1857 年）

083

黑死病

14世纪,一种特别致命和可怕的肺鼠疫和淋巴腺鼠疫——黑死病——席卷了亚洲、欧洲和中东。这场瘟疫造成了巨大的生命损失,据估计,亚洲约有2500万或更多人死亡,欧洲也有2500万人死亡(至少占人口的三分之一),中东有数百万人死亡。

鼠疫的起源尚不清楚,有一种观点认为它始于14世纪30年代,由生活在老鼠身上的携带细菌的跳蚤传播,经由蒙古军队或沿丝绸之路或海上船只的商人,越过中国和其西部边界迅速蔓延开去。

黑死病于1347年首次传播到欧洲,当时蒙古军队包围了克里米亚的卡法港(据报道,蒙古士兵将感染的尸体弹射到卡法的城墙上)。同年,黑死病传播到意大利(可能通过船只传播),然后是法国、西班牙、葡萄牙和英国。1351年,传到了德国、斯堪的纳维亚和俄罗斯西北部。1347年,又蔓延到中东各地,首先是埃及,然后是黎巴嫩、叙利亚和巴勒斯坦、伊拉克、伊朗和土耳其。

黑死病导致了人口急剧下降,也带来了巨大的社会和经济变化。劳动力短缺和可用土地增多,特别是在西欧,提升了农民工买卖时的议价能力。农民起义增加,到16世纪,农奴制(一种债役劳动)在英国等地已基本消失,但它仍然是东欧和俄罗斯的特色,因为那里受黑死病影响较小。

中国明朝

1294年，元朝忽必烈驾崩后，中国遭受了一系列自然灾害，包括黑死病，导致大量人口死亡，引发了一系列农民起义。

1368年，起义达到了高潮，出身卑微的起义军将领朱元璋赶走了蒙古人，在南京（今江苏南京）建立了一个新的王朝，这就是明朝，其中，"明"是"光明"之意。

朱元璋着手建立稳定的政权，实现政治统一。农业得到复苏，工业蓬勃发展，特别是在制衣和丝织方面，瓷器（欧洲人称"中国"为China，称"瓷器"为china，仅有大小写区别）开始出口。明朝统治的头两个世纪，经济繁荣，人口翻了一番，统治者试图通过废除奴隶制度和增加富人的税收来改善穷人的生活。

明朝统治时期，中国还建立了一支庞大的海军和常备军（大约有100万名士兵），并启动修建了一些大型建筑工程，比如，位于新首都京城（今北京）的紫禁城皇宫。明朝还鼓励与欧洲列强的贸易，在1405年~1433年间，中国航海家郑和率领船队远航海外，最远到达非洲东海岸的斯瓦希里和红海的吉达。然而，到了15世纪早期，皇帝下令禁止外国航行，这些海上探险宣告结束，封建专制和闭关锁国成为明朝的标志。

在明朝的最后一个世纪，一系列软弱无能的皇帝日益沉迷深宫，导致官员腐败、内讧加剧。在16世纪90年代，中国帮助朝鲜击退了日本的军队，国库资金被耗尽，同时，饥荒、干旱和一系列流行病导致了农民起义和城镇叛乱。1644年，满族夺取了北京的控制权，并建立了属于自己的清朝。

印度莫卧儿王朝和锡克教

1526 年，成吉思汗和帖木儿的伊斯兰教土耳其后裔巴布尔进军印度，打败了德里的苏丹，占领了印度北部的中心地区。巴布尔的地盘——其中也包括阿富汗的喀布尔——后来被称为莫卧儿帝国（Mughal Empire），是"蒙古"（Mongol）一词的变体，表示皇帝的祖先。

巴布尔的继位者包括如下几位杰出的皇帝：阿克巴（1556 年~1605 年在位），他建立了一个强有力的管理机构，允许印度教徒自由地信仰宗教，并扩张了印度帝国的版图，使其从西部的古吉拉特邦一直延伸到东部的孟加拉邦；沙贾汗（1628 年~1658 年在位），他的皇宫是莫卧儿王朝最宏伟的。

波斯文化和语言的引入使得一种独特的印度-穆斯林风格的微型绘画和建筑开始出现，也催生了现代乌尔都语（大量借鉴波斯和阿拉伯语）。印度许多宏伟的宫殿、陵墓和堡垒都建于莫卧儿王朝，包括阿格拉的泰姬陵和德里的红堡，都是由沙贾汗下令建造而成。

在 16 世纪早期，一种新的一神论宗教——锡克教，在印度旁遮普地区兴起，由古鲁那纳克创立。锡克教结合了印度教和伊斯兰教的元素，接受了印度教的因果报应和轮回转世的概念，但拒绝了种姓制度。第十位也是最后一位宗师，哥宾德·辛格（原名哥宾德·拉伊，1666年~1708年）下令，所有受洗的男性锡克教徒都应姓"辛格"，并规定了锡克教的外貌特征，比如，长发（用头巾盖住）和未修剪的胡须。为了抵制莫卧儿王朝，他还将锡克教徒军事化，在旁遮普地区发展成了一支强大的政治力量。

欧洲

封建制度和诺曼征服

在欧洲，封建主义的政治和经济制度——其基础是以拥有土地来换取效忠或兵役——构成了政权和日常生活的基石。5~12世纪，这种制度已经从法兰西的法兰克王国传播到西欧的大部分地区。

在这里，国王将土地（封地）赐给有权势的领主或封臣，以换取他们的效忠。然后，领主或宗教机构将自己的封地划分为庄园或地产，小贵族或佃户必须对这些封地领主表示忠诚。最底层是一群被束缚的农民（农奴或奴隶），他们完全生活在主人的管辖之下。于是，在此制度之下，出现了坚固的城堡（因为领主必须保卫自己的领地）、骑士和一种被称为骑士精神的行为准则。

1066年，在法国北部定居的诺曼人在黑斯廷斯战役（Battle of Hastings）中击败了英国国王哈罗德二世，取代盎格鲁-撒克逊人成为英国的统治阶级。他们的首领威廉（号称"征服者"）

建立了一种特别有效的封建制度，列出了土地上的所有财产和村庄的清单（写在《土地调查清册》里），然后把这些土地作为"封地"授予贵族。诺曼人还征服了威尔士、爱尔兰和苏格兰的部分地区，他们在伟大领袖罗伯特·吉斯卡德的领导下，与阿拉伯人和拜占庭人作战，征服了西西里和意大利南部。

大约从15世纪开始，西欧的封建制度开始瓦解，部分原因是黑死病带来的人口锐减，以及商业贸易的增长。然而在中欧和东欧，农奴制度（支撑着封建制度的债役劳动）一直持续到19世纪中叶。

商业的发展

从大约11世纪和12世纪开始，贸易在欧洲增长，部分原因是受到十字军东征的刺激、道路和航运的改善，以及蒙古帝国的建立，后者开辟了东西方之间的贸易通道。

城镇开始在生产和商业区域周围兴起：意大利的威尼斯港（可能是中世纪欧洲最富饶的城市）、比萨和热那亚，以及德国的吕贝克和但泽成为主要的进口中心，位于佛兰德斯的布鲁日、根特和伊普尔，以及托斯卡纳的佛罗伦萨主宰着布业（欧洲最重要的出口产业）。城镇需要控制和管理自己的经济事务，于是，手工业协会应运而生，许多城镇从地方领主那里获得了独立（在意大利和德国，大城镇通常由富商控制，而不是当地贵族统治）。

在德国北部，汉堡和吕贝克于1241年结成贸易同盟。14世纪，这个同盟进入鼎盛时期，大约有100个城镇——从佛兰德斯的布鲁日到俄罗斯的基辅——加入了商业和防御同盟，即汉萨同盟。该同盟主要是为了保护贸易利益而成立的，后来发展成为一股独立的政治力量，并保留了自己的陆军和海军。

银行业的发展，也促进了欧洲贸易的增长，特别是在14世纪的佛罗伦萨（后来蔓延至德国、波兰、荷兰和英国），商人可以赊账买卖。此外，西欧封建制度遭到了腐蚀，这要归因于更为广泛的货币流通、商业的增长和自治城镇的涌现。

英法百年战争

英法百年战争（1337年~1453年）持续了116年，其间经历了五位英国国王（从爱德华三世到亨利五世）和五位法国国王（从菲利普六世到查理六世）的统治。

战争的导火索主要是封建制度：爱德华三世，作为阿基坦公爵，憎恨向法国国王表达敬意，并要求继承法国的王位。在佛兰德斯利润丰厚的羊毛贸易上的竞争也导致了敌对状态。战争一开始，英国人就占了上风。1346年，爱德华在其子"黑王子"（以盔甲的颜色命名）和英国新武器长弓的帮助下，在克雷西战役中打败了菲利普六世。1347年，黑死病的爆发导致了停战长达10年。

1360年，在几次失败后，爱德华三世放弃了对法国王位的觊觎，返回了阿基坦地区；但是，1377年，爱德华去世时，更多的领土已经被法国新国王查理五世夺去。1380年，查理五世驾崩后，战争逐渐平息，直到1413年，亨利五世登上了英国王位，他重申了自己对法国王位的继承权，并于1415年的阿金库尔战役（Battle of Agincourt）中击败了法国人（正如莎士比亚的《亨利五世》中不朽的描写）。

1422年，亨利五世死后，贝德福德公爵统治下的英国人取得了几次胜利，直到1429年，出现了转折点，奥尔良的少女——圣女贞德，帮助法国军队突破了英国人在奥尔良的围攻。最后，圣女贞德被英国和勃艮第的军队烧死在火刑柱上。但是，法国人带着重新燃起的民族主义热情，逐渐夺回了自己的领土。到1453年，只有加莱和海峡群岛仍处于英国的统治之下。法国很多贵族在战争中牺牲了，法国君主制却继续在全国范围内推行。然而，英国的君主仍继续冠以"法兰西国王"的头衔，直到1801年为止。

文艺复兴

在欧洲，与远东地区和穆斯林世界的接触日益密切，刺激了新的学说和思潮的诞生，引发了人们对古希腊和罗马文化与价值观的兴趣。这种艺术和知识的觉醒——被称为"文艺复兴"，意思是"重生"——起源于14世纪的意大利。在这段时间里，文艺复兴的学者恢复并研究古典文献（其中许多来自阿拉伯世界,途经穆斯林西班牙和拜占庭)。

文艺复兴也丰富了人文主义的思想流派,人文主义更重视个人的能力,而不是神圣或超自然的东西。波提切利和米开朗琪罗等艺术家开始用更现实主义的手法来表现人类的形态,而但丁和彼特拉克等意大利诗人则开始探索人性。布鲁内莱斯基和帕拉迪奥等建筑师创造的建筑可以与古代世界最优秀的建筑相媲美,而身兼艺术家、雕刻家、工程师和许多其他学科大师的列奥纳多·达·芬奇则是"文艺复兴人"(Renaissance Man)的原型。佛罗伦萨的美第奇家族等权贵之家为文艺复兴时期的许多艺术和技术成就提供了财政支持。

大约从1500年开始,文艺复兴传播到了北欧,在那里呈现出更多的宗教特征。荷兰学者伊拉斯谟对古希腊《新约》进行了研究,形成了一种新的基督教人文主义,他对教会的批判促进了宗教改革。1450年,古腾堡发明的活字印刷机对欧洲思想的自由传播起了至关重要的作用,不过,在几个世纪之前,中国人和阿拉伯人就已经在印刷术和造纸术上取得了这样的进步。

宗教改革和反宗教改革

由于人们对罗马天主教会的权力和腐败的普遍不满,文艺复兴时期的学者对其教义的争论愈演愈烈,于是,北欧大部分地区脱离了天主教,转而支持更为福音化的新教。

这场运动被称为"宗教改革",据说始于1517年,当时德国修士和学者马丁·路德发起了一场反对罗马天主教会腐败的抗议活动。后来，他又把《圣经》翻译成德文，并抨击天主教的圣餐变体论（Transubstantiation）、牧师独身主义和教皇至上主义。加上古腾堡印刷机的发展，路德的观点席卷欧洲，到1530年，瑞典、丹麦和德国部分地区已经与天主教会决裂。1534年，亨利八世统治下的英格兰也步其后尘。在瑞士，在约翰·加尔文的领导下，一种新教成为占统治地位的宗教，加尔文的教义革命，后来被称为"加尔文主义"，传播到了法国、荷兰和苏格兰。

天主教以自己的改革来对抗宗教改革（被称为"反宗教改革"），其中大部分改革是由新建的宗教团体——耶稣会牵头的。天主教在一次大型集会——特伦多大公会议（1545年~1563年）中澄清了天主教的教义，制定了重要的道德和纪律改革，拒绝与新教讲和。

随之而来的天主教（仍然是南欧占主导地位的教会）和新教之间的分裂导致了一系列欧洲战争。在法国，新教徒（又称为"胡格诺派教徒"）和天主教徒之间展开了一场血腥内战。1598年颁布的《南特敕令》最终承认了宗教信仰自由。然而，欧洲最强大的统治者，也就是西班牙菲利普二世，试图通过武力恢复天主教在欧洲的地位。在荷兰，新教叛军和西班牙军队之间爆发了激烈的斗争。1609年，荷兰终于从西班牙天主教统治下解放出来。接下来的三十年战争，开始于信奉新教的德国王室和信奉天主教的神圣罗马帝国之间的战争，最终以僵局告终（天主教国家保持天主教，新教国家保持独立），结束了反宗教改革。与此同时，基督教与伊斯兰教的冲突仍在继续。1571年，菲利普二世与威尼斯人结成神圣同盟，在勒班陀战役中摧毁了奥斯曼帝国的舰队。

欧洲的探险和贸易帝国

16世纪，欧洲开启了向外探险的伟大时代，部分是由于更好的造船和航海技术的发展，以及迫切需要寻找新的贸易路线，以规避不断扩张的奥斯曼帝国。

航海国家葡萄牙在这方面走在了前面，在1498年开辟了通往东印度群岛的航线，航行到美洲，并在非洲海岸、中国澳门、和印度果阿地区等建立了一系列的贸易站。西班牙也探索了海洋，特别是与热那亚人克里斯托弗·哥伦布一起。1520年，葡萄牙探险家费迪南德·麦哲伦（受命于西班牙国王）发现了一条环绕地球的航线。西班牙随后征服了西印度群岛和中美洲及南美洲，16世纪末，它成为欧洲最富有的国家。

到了17世纪，英国人和荷兰人已经准备好与西班牙人和葡萄牙人的贸易垄断相抗衡。英国舰队航行到北美，并于整个17世纪在新英格兰、弗吉尼亚以及西印度群岛建立殖民地。1600年，伦敦商人成立了东印度公司，最初成立是为了与东印度群岛进行贸易。1670年，加拿大的哈德逊湾公司由皇家特许成立，并控制了几个世纪以来北美大部分地区的皮毛贸易。

1602年，荷兰人建立了荷兰东印度公司，并在此基础上建立了一个庞大且利润丰厚的贸易帝国。在丝绸和香料贸易方面，他们逐渐超越了葡萄牙，在东印度群岛和亚洲夺取了葡萄牙的各种贸易点（1652年，荷兰帝国在南非的开普敦建立了殖民地，在西印度群岛和巴西也一样）。在17世纪，法国也占领了北美、加拿大、加勒比海和印度的大量领土。

君主专制统治：查理一世和路易十四

英国国王查理一世（1625年~1649年在位）和他的父亲詹姆斯一世一样，认为王权由上帝赋予，国王在本质上是上帝在人世间的代表。再加上查理对天主教的明显支持，使他陷入了与议会和清教徒大臣们的冲突。

1642年，内战爆发，议会的军队（圆颅党）击败了国王的军队（保皇党）。1649年，查理被处死，在议会领袖奥利弗·克伦威尔将军的领导下，成立了共和国。克伦威尔死后，查理一世的儿子于1660年重返王位，加冕为查理二世。1688年，光荣革命期间，詹姆斯二世（1685年在位）的天主教君主政体再次爆发动乱，他被议会废黜，取而代之的是新教统治者威廉三世和玛丽二世。1689年，议会起草了《权利法案》（The Bill of Rights），确立了议会的权力，并限制了君主的权力，这一点后来影响了世界各地的宪法，包括《美国人权法案》（United States Bill of Rights）。

相比来说，法国君主路易十四（1643年~1715年在位）几乎没有遭遇君主专制的反对派。他即位时，法国是欧洲最强大的国家（这在很大程度上要感谢红衣主教黎塞留和他的继任者马扎林，以及三十年战争使一度强大的西班牙陷入贫困）。路易十四自居为"太阳王"，他在很大程度上忽视了所有的代议制度，并废除了大多数贵族的政治职位。而且，在凡尔赛的奢华宫殿里，他成功地平息了贵族叛乱，消除了法国残余的封建主义势力，巩固了一套持续到法国大革命爆发的君主专制制度。

美洲

阿兹特克人

15世纪和16世纪早期，阿兹特克人在今天墨西哥中部和南部控制着一个巨大的帝国。最初是来自北方的游牧民族，据说，他们在13世纪到达了墨西哥山谷，并在山谷浅水湖中的岛屿上定居下来，开始建造特诺奇提特兰城（即今天的墨西哥城）。

在阿兹特克统治者伊茨科特尔（1428年~1440年）的统治下，特诺奇提特兰与两个邻国结成联盟，成为墨西哥中部的主导力量。进一步的征服和贸易使特诺奇提特兰成为一个囊括了四五百个小国和五六百万居民的帝国。

阿兹特克人的经济以农业为基础，但他们也是手工艺者和商人，经营着一个横跨帝国的商队贸易网。他们是技艺高超的雕刻家，用石头雕刻出巨大的人形雕像，还建造了华丽的宫殿、庙宇和金字塔，包括特诺奇提特兰城内的蒙特祖玛二世（1502年~1520年在位）的大宫殿。阿兹特克人没有字母表，但用图画和象形文字来记录自己的历史。他们的语言与北美洲的土著语言有关，许多阿兹特克的词汇已经融入西班牙语，甚至英语（比如，西红柿、巧克力和鳄梨）。

宗教给了阿兹特克人强大的控制力量，他们的牧师遵循着准确的太阳历法（从玛雅人那里学来的）。阿兹特克人相信世界总有一天会被毁灭，为了推迟这一事件并告慰各路神灵，他们举行了精致的仪式，包括活人祭祀，通常是牺牲成千上万在战争中被俘的战俘（1487年，估计一次要杀八万俘虏来供奉一座庙宇）。1519年，当西班牙人到达特诺奇提特兰时，他们被这些血腥的仪式吓坏了，于是摧毁了阿兹特克人的许多庙宇，也摧毁了特诺奇提特兰城。许多阿兹特克人被西班牙统治者折磨、杀害或奴役，阿兹特克帝国也解体了。

印加人

南美洲前哥伦比亚时代最后且最大的一支文明是印加文明，其良好的中央行政机构管辖着500至1000万人，几乎遍及整个安第斯地区。

印加人首先在其首都库斯科周围建立了政权，最终还征服了竞争对手——秘鲁的奇穆国。印加帝国的统治王朝建于1200年左右,在帕查库蒂统治时期(1438年~1471年),帝国进行了一系列的征服,疆土扩张到厄瓜多尔北部,跨越了秘鲁到玻利维亚的大片领土,从1529年开始,还侵占了阿根廷北部和智利的部分地区。

帕查库蒂和他的继任者们还开发了一套以严格的社会等级制度为基础的高效的中央集权政府体系,它控制了新城镇的建设,甚至艺术品和陶器的生产。然而,在没有任何书写系统的情况下,印加人发明了一种名为"奇普"的绳结,用来存储信息。

印加手工和工厂的技术水平很高,可以生产金属制品、纺织品和陶瓷。印加人还建造了一个巨大的道路网,大约1.55万英里(约2.5万公里),在古代文明中,它的规模仅次于罗马帝国。由于轮子还没有发明出来,印加人雇用了信使和送信人来传递信息。农业以山坡梯田为基础,印加宗教的核心是官方崇拜的太阳神因蒂。印加人建造了许多寺庙和神龛,但这些不是公众朝拜的地方,因为印加人在外面举行宗教仪式。与阿兹特克人不同,他们只在统治者即位时进行活人祭祀。

大约从1525年开始,印加帝国爆发了内战。紧接着,西班牙人弗朗西斯科·皮萨罗率领的探险队抵达了印加帝国的海岸。1533年,印加统治者阿塔瓦尔巴被西班牙人骗去了巨额金银赎金,之后依然被处死,于是,库斯科城沦陷。1537年,印加帝国灭亡。

西班牙征服者

1519年11月，西班牙官员埃尔南·科尔特斯（1485年~1547年）带着一支约400人的远征军抵达墨西哥。他从古巴起航，无独有偶，大约在25年前的1492年，热那亚水手克里斯托弗·哥伦布（在西班牙王室的支持下）第一次在古巴登陆，之后去了中美洲和南美洲。

当科尔特斯的军队向特诺奇提特兰城挺进时，对阿兹特克统治心怀不满的当地人联合起来支持西班牙军队。阿兹特克统治者蒙特祖玛被俘后，全面战争爆发，其间，西班牙人屠杀了数百名阿兹特克贵族。蒙特祖玛也惨遭杀害，于是，该城更名为"新西班牙"，科尔特斯成了新西班牙总督。

在巨大财富的诱惑下，西班牙人探索新西班牙，寻找传说中的黄金之城——"黄金国"。他们没有找到黄金，但在秘鲁和墨西哥发现了白银，并将其运回西班牙（使西班牙成为欧洲最富有和最强大的国家）。

西班牙殖民者带来了许多欧洲的疾病，比如天花和流感，这些疾病使美洲的人口大大下降，也有数百万人在银矿和农业种植园里劳作致死。死亡人数甚至超过了因黑死病而死亡的人数。据估计，在1492年~1650年，美洲土著人口减少了80%~90%。随着劳工的死亡，取而代之的是在1500年征服了巴西的葡萄牙人引进的非洲奴隶。

新法兰西

北美洲的加拿大境内最初居住着美洲印第安人和遥远北方的因纽特人。最早到达此地的欧洲人是1000年在纽芬兰北端短暂定居的维京人。大约五个世纪后，也就是1497年，意大利航海家约翰·卡伯特（受命于英国）再次抵达该岛。

1534年抵达这里的是法国探险家雅克·卡蒂亚，他试图在圣劳伦斯河地区建立法国殖民地，但没有成功。1583年，英国探险家汉弗莱·吉尔伯特爵士在纽芬兰的圣约翰建立了英国在北美的第一个殖民地。最终，1604年，法国皮毛商人在阿卡迪亚定居；1608年，法国探险家塞缪尔·德·尚普兰在圣劳伦斯河上建立了一个交易站，后来发展成为魁北克市。皮毛商人和天主教传教士探索了五大湖和哈德逊湾。1682年，法国探险家德拉萨勒沿着密西西比河到达河口，占领了整个河谷，并以法国国王路易十四的名字，将其命名为路易斯安那。

"加拿大"这个名字开始和"新法兰西"交替使用。17世纪中期，在寻求垄断皮毛贸易的本土易洛魁人和法国支持的阿尔冈琴部落之间爆发了一系列残酷的冲突，这就是著名的"海狸战争"或"易洛魁战争"。17世纪末，欧洲的英法冲突导致了殖民地之间的四次战争（1688年~1763年），在此期间，新法兰西和新英格兰与各自的印第安盟友发生战争。到1713年，法兰西被迫将阿卡迪亚、纽芬兰和哈德逊湾的大部分地区割让给英国。1763年，英法七年战争之后，新法兰西的其余地区也被英国和西班牙瓜分殆尽。

欧洲在北美的殖民地

英国在北美的第一个殖民地于 1607 年在弗吉尼亚州的詹姆斯敦建立。其中，"詹姆斯敦"以英国君主詹姆斯一世的名字命名；"弗吉尼亚"是沃尔特·罗利使用英国童贞（virgin）女王伊丽莎白一世的名义将大西洋沿岸大片领地命名为弗吉尼亚（Virginia），这位爵士曾试图在那里建立殖民地，但在 1584 年以失败告终。

殖民地的生活充满了危险：1609 年~1610 年冬季，殖民者中有 80% 以上丧生。美洲印第安土著波瓦坦人最初与新来的殖民者分享食物，但后来由于互不信任，导致了冲突，关系最终恶化。殖民者在弗吉尼亚越来越依赖于烟草种植的谋生道路，首先是使用契约仆役，然后是使用 1619 年首次被引渡来的非洲奴隶。

1620 年，乘坐五月花号而来的清教徒分离主义派在普利茅斯（今马萨诸塞州）定居。当时的条件也很艰苦，但大约有一半的殖民者熬过了第一个冬天，主要是靠美洲土著印第安人的支持。1629 年，更多的英国清教徒来到这里，殖民地也开始繁荣起来。

在 1623 年~1732 年，从新罕布什尔到南卡罗莱纳，北美东海岸建起了一系列英国殖民地。欧洲其他国家的殖民者也在 17 世纪来到这里，其中包括 1624 年建立殖民地的荷兰人 [他们建立了一个殖民地，取名"新荷兰"，定都新阿姆斯特丹（今纽约）]，以及1638年在特拉华定居的瑞典人。17世纪60年代，新阿姆斯特丹和特拉华都落入了英国人之手。德国人也在宾夕法尼亚州和乔治亚州定居，其他许多国家也有定居者，包括斯堪的纳维亚人、瑞典人、波兰人、爱尔兰人、意大利人和法国人，增加了殖民者文化的多样性，而船只也继续从非洲西海岸运送奴隶。

大洋洲

欧洲人在太平洋诸岛的探索

公元前2500年～公元前1500年间，波利尼西亚人（最初可能来自印度尼西亚）在太平洋中部和南部的岛屿定居。波利尼西亚人是熟练的航海家，到公元400年～500年，他们已经到达波利尼西亚的大多数岛屿，其中许多岛屿，包括汤加、萨摩亚、塔希提岛和夏威夷群岛，尽管与世界的大部分地区隔绝，但已发展成为先进的社会了。

欧洲人第一次与太平洋陆地接触是在16世纪。1511年，葡萄牙人到达马来西亚的马六甲海峡；第二年，他们到达了著名的摩鹿加群岛的香料群岛，并于1514年占领了印度尼西亚的望加锡港和帝汶岛。后来，葡萄牙的船只于1527年抵达新几内亚。1521年，葡萄牙航海家费迪南德·麦哲伦率领一支由三艘西班牙船组成的舰队到达了关岛和菲律宾，并成功返回西班牙（麦哲伦在菲律宾被杀了），完成了第一次环球航行。

13世纪早期，毛利人首先乘大型独木舟从波利尼西亚出发，来到偏远的新西兰岛，并定居下来。在随后的几个世纪里，诞生了一种独特的毛利人文化。第一个到达新西兰的欧洲人是荷兰探险家亚伯·塔斯曼，他还于1642年抵达塔斯曼尼亚岛，该岛以他的名字命名。

有史料记载，澳大利亚土著人在新西兰岛上居住了大约五万年，直到17世纪，欧洲人第一次见到澳大利亚人。1606年，荷兰航海家威廉·扬斯佐恩抵达约克角半岛。在整个世纪，荷兰人将西部和北部海岸线（他们称这块土地为"新荷兰"）划为己有，但没有试图定居这里。1688年和1699年，英国探险家、私掠船主威廉·丹皮尔先后两次登陆西北海岸，但直到18世纪才有人尝试在此建立更长久的定居点。

第五章
革命和欧洲帝国主义

(1700年~1900年)

中东和非洲

奥约帝国和阿散蒂王国

整个 18 世纪,非洲的奴隶贸易持续扩张。靠近西海岸的非洲小国充当了向欧洲输送黑奴的供应者,并成长为规模可观的帝国。

非洲约鲁巴人的奥约帝国,位于今天的尼日利亚西南部和贝宁南部,到 18 世纪时已扩展到西南方,从而开辟了一条通往海岸和大西洋奴隶贸易的路线。奥约帝国把新占领土地上的人民(包括达荷米王国的人民)卖给欧洲人,或用作皇家农场的奴隶劳工。奥约人为了管理其领土,还开发了一套高度复杂的政治体系。19 世纪初,由于地方叛乱、外国入侵和对奴隶需求的下降,奥约帝国衰落了。

18 世纪和 19 世纪,阿散蒂王国控制了今天的加纳南部、多哥和科特迪瓦。阿散蒂王国的财富是建立在黄金和奴隶贸易的基础上的,比如,帝国与英国和荷兰的商人交换武器。其领土包括以前登基拉王国(Denkyira kingdom)的属国,人口为 300 万~500 万,由库马西强有力的中央政府统治。库马西也是生产华丽的金银饰品的艺术中心。

在19世纪,英国试图加强在非洲西部的地位,其殖民势力与阿散蒂人之间进行了一系列的军事斗争。早期反对英国军队的结果是阿散蒂人胜利了,但1826年时运逆转,更多的领土沦为英国殖民地。到1902年,阿散蒂王国已经被大英帝国吞并。

欧洲人探索非洲内陆

欧洲国家探索了非洲大部分海岸线附近的地区,建立了贸易前哨站,并开展了奴隶贸易。然而,在18世纪晚期和19世纪探险家和传教士进一步深入探索非洲之前,欧洲人在很大程度上仍未涉足其广袤的内陆地区。

首次探索非洲内陆的欧洲人是两位苏格兰探险家:詹姆斯·布鲁斯和蒙哥·帕克。詹姆斯·布鲁斯在去阿比西尼亚(今埃塞俄比亚)的旅途中发现了青尼罗河的源头;1795年,蒙哥·帕克探索了冈比亚,据说他是首个到达尼日尔河的西方人。在接下来的一个世纪里,发生了一件事:法国巴黎地理学院为首个带回廷巴克图消息的非穆斯林人提供了一万法郎的奖金——1828年,法国人勒内·卡耶从这个西非小镇平安归来后,获得了这个奖项。到1835年,欧洲人已经将非洲西北部的大部分版图划为己有。

从19世纪中期开始,欧洲最著名的探险家是苏格兰新教传教士大卫·利文斯通,他于1855年发现并重新命名了维多利亚瀑布（以纪念英国君主维多利亚女王）。1866年，他率领一支探险队寻找尼罗河，却神秘失踪，并被宣告死亡，这进一步激发了人们对非洲内陆的痴迷。1858年，英国探险家约翰·汉宁·斯毕克和理查德·伯顿爵士成为第一批到达坦噶尼喀湖的欧洲人。斯毕克继续探险，抵达了另一个大湖，毫不意外，他将此湖也命名为维多利亚湖（该湖最终被证明是尼罗河的源头）。1875年，英国旅行家维尼·卡梅伦成为第一个从东到西穿越非洲大陆的欧洲人。

奴隶贸易和废除奴隶制度

18世纪时，欧洲运往美洲殖民地的非洲奴隶急剧增加。18世纪80年代，每年有九万非洲奴隶越过大西洋来到美洲新大陆。到19世纪中期，估计有950万非洲人被带到美洲，这是历史上最大规模的强制移民。

大西洋奴隶贸易通常遵循一个三角体系——来自欧洲的船带着棉织品、五金器具和武器航行到西非（西非人用这些武器来捕获奴隶），这些货物用来交换奴隶带到美洲，然后这些船带着糖和其他殖民地产品返回欧洲。

除了运输的950万奴隶外，还有大约200万奴隶在运输途中丧生。在欧洲，人们越来越意识到奴隶制的残酷现实。18世纪晚期，英国的宗教团体开始为废除奴隶制而斗争。1807年，英国（主要贸易国）将英国商人的这种贸易定为非法贸易，但是，奴隶的运输——特别是输往对棉花和糖的需求很高的北美、巴西和古巴——并没有减少。经济严重依赖奴隶制的西非统治者也不愿停止俘虏和贩卖奴隶。直到1833年，大英帝国才废除了奴隶制。

在1865年美国内战期间，美国废除了奴隶制，最终迫使古巴和巴西在1886年和1888年也废除了奴隶制。虽然这意味着大西洋奴隶贸易的终结，但阿拉伯和非洲商人仍然将奴隶运往非洲北部和东部，直到20世纪，这种贸易才完全终止。

瓜分非洲

欧洲对非洲内陆的勘探，以及有关非洲尚未开发的矿产、贵金属和热带原材料资源的新信息，提高了欧洲列强的兴趣，因为这些国家的工业发展急需原材料。再加上欧洲政治版图上的紧张局势加剧，导致了19世纪最后25年欧洲列强对非洲的疯狂瓜分（1884年在柏林召开的会议鼓励欧洲大国瓜分非洲大陆，称为"瓜分非洲"）。

当欧洲列强之间互相争斗并对抗非洲国家时，战争席卷了非洲西部、中部和东部。法国占领了北部、西部和赤道附近的大部分领土；德国人和比利时人在刚果河沿岸建立了殖民地；在南部，葡萄牙占领了安哥拉和莫桑比克；英国控制了从南非到埃及的东部，以及西部的部分地区，总计超过400万平方英里（约1030万平方公里）的土地。其他欧洲国家——包括意大利和西班牙——瓜分了剩余的领土。

许多非洲国家和统治者——包括阿散蒂人、阿比西尼亚人、德尔维希人、祖鲁人和摩洛哥人——他们抵御了欧洲的侵略浪潮，最初取得了一些成功，但面对欧洲人的强大火力，大多数人无能为力。欧洲霸主划定殖民地的边界时，并没有考虑到当地的地理、部落分布和语言。到1914年，只有埃塞俄比亚和利比里亚仍然是独立的国家：埃塞俄比亚（原阿比西尼亚）在1896年成功抵御了意大利的殖民统治，而利比里亚是在19世纪上半叶为解放美国黑奴而建立的一个独立国家。

非洲南部

自1652年以来，非洲南部沿海地区一直是荷兰人（布尔人或阿非利卡人）的殖民地。该地区的土著人——桑族和科伊科因族——要么被迫屈从，要么流离失所（桑族人撤退到山区）。18世纪70年代，布尔人迁往非洲内陆，遭到了原本居住在那里人数众多的科萨人的袭击。接下来是一个世纪的战争（科萨战争，1779年~1879年），荷兰和英国殖民者进一步向东扩张到大鱼河地区。

为了保护通往印度的海上航线，英国于1795年占领了好望角地区，并于1806年开辟了开普殖民地。为了摆脱英国在好望角的控制以及废除奴隶制，1835年~1843年，1.2万名布尔人艰难跋涉，向北迁移。他们迁徙到了未来的纳塔尔、奥兰治自由邦和德兰士瓦地区。最初，英国认可了这些地方的独立地位。

与此同时，祖鲁人（一个说班图语的好战民族）在其领袖沙卡（1816年~1828年在位）的领导下，实力增强，领土扩大。沙卡挑起了土著部落之间的大规模战争。1879年，英国人入侵祖鲁王国，在伊桑德尔瓦纳的战斗中获胜，然后占领了祖鲁首都。1887年，祖鲁沦为英国殖民地，10年后并入纳塔尔。

在德兰士瓦地区发现的黄金和钻石促使英国人（在帝国主义者塞西尔·罗德斯的秘密支持下）试图接管德兰士瓦地区。因为伦敦当时已经成为世界金融中心，需要源源不断的黄金供应。这最终导致了1899年~1902年布尔人和英国人之间的三年苦战。布尔人取得了一些初步的胜利，但最终被英国援军和基奇纳的"焦土政策"击败。"焦土政策"有计划地摧毁了农场土地，把平民百姓关进了集中营。1902年的《和平条约》恢复了英国的统治，促成了1910年南非的彻底统一。

纳迪尔沙统治波斯

纳迪尔沙拥有"波斯的拿破仑"的美誉，他于1736年~1747年统治波斯，采取了一系列令人印象深刻的军事行动，创建了一个短暂的帝国，当时的领土包括今天的伊朗、伊拉克、阿富汗、巴基斯坦、阿曼，以及中亚和高加索地区的部分地区。

纳迪尔沙是土耳其人，于萨非王朝的最后几年在波斯北部长大。当时，霍塔基阿富汗人、奥斯曼人和俄罗斯人入侵之后，推翻了软弱的萨非苏丹侯赛因的统治，于是，纳迪尔沙在波斯的无政府状态下崭露头角。纳迪尔沙召集了一支5000人的军队，帮助侯赛因的儿子塔玛斯二世夺回了王位，同时也击退了奥斯曼人和俄罗斯人，收复了所有被他们占领的波斯领土。到1736年，纳迪尔沙自己夺取了王位，宣布自己为"国王"。

纳迪尔沙就此开始了对邻近国家的远征，他征服了阿富汗，入侵了印度的莫卧儿帝国。他占领了喀布尔、拉合尔和白沙瓦，并于1739年洗劫了德里，屠杀了大约三万人，掠夺了大量的财富，包括莫卧儿王朝传说中的孔雀宝座和"光之山"钻石（最终成为英国王冠的一部分）。

此后，纳迪尔沙的健康状况每况愈下，他的统治也变得越来越专制。1747年，他被自己的一名警卫暗杀，他的帝国也很快瓦解了。不过，纳迪尔沙的一位将军艾哈迈德接管了阿富汗地区，并征服了印度西北部，直到这位将军于1773年去世。

远东

中国清朝的鼎盛时期

中国最后一个封建王朝清朝（1616年~1911年），在其早期遭遇了一些反对的声音，但从1683年左右开始，它控制了整个中国，并由此享受了一个世纪的和平与繁荣，通常被称为"太平盛世"。

清朝的统治与之前的朝代几乎没有什么不同，只是官员们必须扎马尾辫（满族的一种习俗）以示忠诚。清政府支持儒家文化，提升儒家的社会基础，但耶稣会传教士可以进入中国。在康熙皇帝统治时期，大约有20万人皈依了基督教，康熙（1662年~1722年在位）是中国历史上在位时间最长的皇帝。

康熙的孙子乾隆在位时（1736年~1796年），中国达到了鼎盛时期。农业和工业的发展增加了帝国的财富，也增加了与欧洲的贸易往来。艺术和文化也得到了鼓励：乾隆主持编撰了大量的历史与文学名著；建筑业蓬勃发展；瓷器、绘画、玉器和象牙制品琳琅满目。

清朝也见证了中国领土的三倍增长，包括台湾、满洲、蒙古、西藏和新疆。到18世纪末，清朝的人口迅速从一亿增长到三亿，这导致了土地的短缺和叛乱的开始，同时，腐败再次在朝廷内部蔓延。在整个19世纪，清政府越来越无力应对重大的国内反抗斗争（最著名的是太平天国运动）以及西方列强的入侵。

英国统治印度

纳迪尔沙国王对印度的入侵暴露了莫卧儿王朝的软弱，国王的权力日益落入地方总督的手中。1700年，英国东印度公司将注意力转向印度，在马德拉斯、孟买和加尔各答建立了重要的贸易港口。

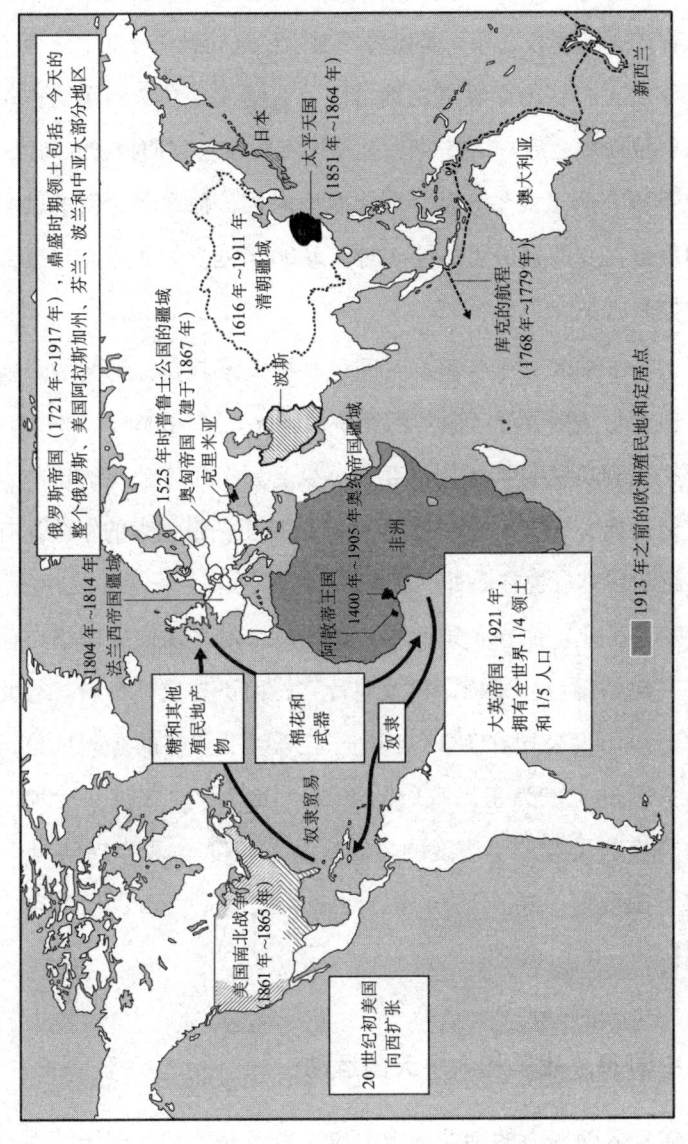

地理示意图 5　第一次世界大战前的领土疆域情况（1400 年～1912 年）

18世纪中期，欧洲英法两国之间的敌意导致了英国人和法国人在印度的霸权之争。英国将军兼殖民地行政官罗伯特·克莱夫（印度人）在南印度成功地击败了法国人（在法国军队占领了马德拉斯城之后）。1757年，他从印度行政长官西拉吉-乌德-多拉手中夺回了加尔各答，同年晚些时候，他在普拉西的胜利将印度最富有的省份孟加拉（拥有2000万居民）置于东印度公司的控制之下。

在接下来的几十年里，英国稳步扩大了其在该地区的影响力，但也与法国展开了激烈的竞争，因此，到1806年，整个印度要么受到英法直接控制，要么至少受到东印度公司的影响。该公司还拥有一支30万人的军队，这是亚洲最强大的军队，有助于统治印度（也在海外广泛作战）。

随着工业革命在英国扎根，印度越来越多地向中国出口原材料（比如靛蓝、原棉，以及鸦片），而不是成品布料。与此同时，东印度公司在1813年失去了对印度贸易的垄断地位，在更大程度上成为殖民政府的工具。1857年，印度兵变期间的大规模起义导致了印度的控制权从东印度公司于1858年转移到英国政府手中，1876年，维多利亚女王宣布自己为印度女皇。

中国鸦片战争和太平天国运动

随着清朝权力的削弱，中国越来越容易受到外国干涉，而内战和叛乱摧毁了国内的经济，还导致数百万人丧生。

19世纪初，英国商人为打开对华贸易大门，从印度非法向中国出口鸦片，换取中国茶叶和丝绸。鸦片在英国精英阶层中很受欢迎，并有助于治疗痢疾，而痢疾在中国很普遍。为了阻止鸦片贸易，中国从英国仓库中缴获并销毁了2万箱鸦片和4.2万支烟斗。英国随后派出16艘军舰围攻广州，并于1842年占领上海。战争以清政府被迫签订《南京条约》为结束。

1856年，第二次鸦片战争（1856年~1860年）爆发，原因是清政府拒绝为《南京条约》重新谈判更优惠的条款。这一次，法国人与英国人一道发动了进攻。1858年，英法联军侵占大沽炮台，清政府同意签订《天津条约》，向西方贸易开放了另外10个港口。1860年，英法联军占领北京，清政府被迫签订《北京条约》。

与此同时，清政府面临着一系列的农民起义，部分原因是朝廷的腐败和中国人口的增长（到1850年，中国人口达到4.5亿）。1851年，政治宗教组织领袖洪秀全一心要把中国从满族统治下解放出来，并率领一支100万人的起义军向南京进发，至此，起义达到了高潮。1853年，起义军攻占南京，建立太平天国，随后，起义又蔓延到15个省。随后，清政府于1864年收复了南京，起义最终被镇压下去。这场战争夺去了大约2000万人的生命，包括平民和军人（代表着历史上最具破坏性的内战）。大片大片的城镇和村庄被摧毁，清朝再也无力恢复其权威和地位了。

日本明治维新

自1639年以来,由于德川幕府的闭关锁国外交政策,日本与外部世界几乎没有接触,这严重限制了对外贸易,并禁止任何日本人出国或外国人入境。1853年,四艘美国海军舰艇抵达日本,迫使日本向美国开放两个港口,结束了日本的隔离状态。

随后,日本与包括英国和俄国在内的其他强国签订了更多的条约,做出了很多让步,这表明了幕府的软弱无能。到1866年,大名(地主或权贵)公开造反,导致最后一位德川幕府将军辞职。1868年,明治天皇恢复了王权,他的口号是"富国强兵"。

一年后,日本首都从京都迁至江户(并重新命名为东京),实施了一系列旨在增强日本实力以抵御西方统治的改革措施,出台了一部具有西方风格的宪法,取消了大名和武士制度。日本还建立了全国教育制度(到1900年,日本的识字率几乎达到100%),并在农业、金融、工程和军事等领域引进国外先进技术。随着工厂、船坞和铁路的建立,政府赞助的工业也得以发展,出口额从1878年~1882年的3000万日元猛增到1913年~1917年的9.32亿日元。

日本的现代化使其在中日争夺朝鲜半岛控制权的中日战争(1894年~1895年)中战胜了中国。中国被迫接受朝鲜独立,并将包括台湾在内的领土割让给日本。日本还在日俄战争(1904年5月)中摧毁了俄国在陆地和海上的军队,也导致了1905年的俄国革命。这不但震惊了欧洲,也表明东方强国在冉冉升起。

欧洲

俄罗斯的崛起

18世纪,俄罗斯成为欧洲的重要大国。在过去的两个世纪里,它从小小的莫斯科公国发展成为一个从波罗的海到太平洋绵延7500英里(约1.2万公里)的帝国。

尽管俄罗斯幅员辽阔,但与欧洲其他国家相比,它仍相对孤立且不够发达。彼得一世(彼得大帝)从1682年~1696年开始与他同父异母的兄弟伊凡五世一起统治俄国,而后又独立掌权直到1725年,他采取措施将俄国转变成一个逐渐西化的帝国。彼得为了建造一个伟大的波罗的海海港,抽干了涅瓦河附近的沼泽,修建了圣彼得堡(彼得的"西方之窗")。他按照西欧的行政模式取代了旧的政府体制,促进了教育,重组了教会,甚至在统治阶级中禁止穿戴传统的长袍、留长发或胡子。

彼得对军队进行了现代化改造(并组建了俄罗斯的第一支海军)。瑞典国王古斯塔夫斯·阿道夫斯在三十年战争中赢得胜利之后,俄罗斯对瑞典这个北欧最强大的国家,发动了大北方战争(Great Northern War)。俄罗斯在1721年取得了最终胜利,彼得进而占领了波罗的海,接着吞并了爱沙尼亚、拉脱维亚和芬兰的部分地区(1710年,彼得对奥斯曼帝国的进攻就没那么成功了,之后他被迫归还了1697年占领的黑海港口)。

1725年,彼得大帝去世后,俄罗斯的领土和影响力继续扩大。

在伊丽莎白一世和叶卡捷琳娜二世统治期间，俄罗斯占领了波兰，并取得了一系列对抗奥斯曼土耳其帝国的胜利。1815年，拿破仑最终战败后，俄罗斯和奥地利成为欧洲大陆公认的霸主。

18世纪的战争和普鲁士王国

18世纪初，欧洲大部分地区都卷入了反抗西班牙帝国统治的斗争中。西班牙王位继承战争（1702年~1713年）始于法国安茹公爵腓力继承王位，但规定法国和西班牙永远不得合并为一个国家，这在整个欧洲掀起了轩然大波。1701年，为了支持奥地利王室对西班牙帝国的继承权，英国、荷兰和德意志亲王组成了战斗联盟。这场战争的主战场在欧洲，北美也有战事，比如，1702年~1713年英国人与法国人进行的安妮女王之战。1713年，西班牙王位继承战争结束，签订了《乌得勒支条约》，承认安茹公爵腓力为西班牙的菲利普五世，但把他从法国王位继承权中除名了，而英国在北美获得了海量殖民地。

与此同时，普鲁士王国（1701年宣布成立）凭借其庞大的常备军，成为奥地利在德意志霸权地位的劲敌。1740年，普鲁士的腓特烈大帝占领了奥地利富饶的西里西亚省，并在长达八年的战争（奥地利王位继承战争）中保持了对它的统治。这场斗争在七年战争（1756年~1763年）中重新爆发，普鲁士要与俄罗斯、法国、奥地利和瑞典作战，而普鲁士的盟友英国要与法国在北美、非洲和印度作战。战争结束时，欧洲版图没有发生重大变化，但西里西亚仍然属于普鲁士，而普鲁士显然已经跻身列强。英国获得了新法兰西的大部分领土（加拿大和密西西比河以东的美国）和西班牙的佛罗里达，以及塞内加尔和法国在印度殖民地的优先管辖权。英国成为一个稳固的殖民大国，1707年与苏格兰的联盟也巩固了其内部地位。

启蒙运动时期

启蒙运动，或称理性时代，是一场以理性信仰为基础的文化和思想运动。它受到17世纪科学知识发展的影响，尤其受法国理性主义哲学家和数学家笛卡尔（1596年~1650年），以及后来的英国数学家艾萨克·牛顿（1642年~1727年）的科学成果的影响。其中牛顿的万有引力定律和三大运动定律影响了欧洲许多其他科学家的工作。

在整个18世纪，启蒙运动发展壮大，思想家们质疑现存的社会制度和秩序，抨击迷信和宗教，认为它们是理性的敌人。法国的伏尔泰和卢梭等作家和哲学家开始将启蒙思想应用于社会，主张人人平等。在英国，亚当·斯密和大卫·休谟主张经济自由主义和经验主义，政治作家托马斯·潘恩写文章支持美国独立和法国大革命。

启蒙运动的精神力量传播到了欧洲的其他中心城市，欧洲列强的统治者们欢迎哲学家进入其宫廷（但是，如果不适合，那就不采取哲学家的进步思想）。普鲁士的腓特烈二世庇护哲学家和科学家,并视自己为启蒙运动的领袖,而在俄国政府,特别是在叶卡捷琳娜二世统治时期,她积极鼓励艺术和科学的发展传播。在北美,启蒙运动的理念影响了美国的两位开国元勋——本杰明·富兰克林和托马斯·杰斐逊。

借助于印刷术的广泛传播,启蒙运动的理论影响了政治、法律、经济、科学理论和艺术,并为法国和美国革命奠定了精神基础。

法国大革命

大革命前的法国是欧洲旧时代的缩影:"太阳王"路易十四的继任者路易十五和路易十六未能进行令人信服的改革,还一如既往地过着纸醉金迷的奢华生活。他们和贵族阶级一起完全不用交税,而中产阶级和穷人在和平与战争时期都要交税来维持国家经济。法国又卷入了代价高昂的战争,最终引发了金融危机,而18世纪80年代的粮食歉收,导致了粮价上涨,大多数人都贫困潦倒。

1789年,为了应对危机,法国议会举行了所谓的三级会议,这是一个由贵族、教士和中产阶级(第三阶层)组成的代表大会。当贵族和教士可以凌驾于第三阶层时,资产阶级领袖便开始了争取平等权利的斗争,重新召集并组织自己的国民议会。1789年7月14日,愤怒的民众冲进了巴黎的巴士底狱,一系列的农民起义席卷了法国的大部分地区。国民议会随后废除了封建贵族特权,发表了《人权宣言》，并试图确立人人平等、公民自由和私有财产权等原则。

奥地利和普鲁士日益增长的军事威胁导致了更激进的政策：1792年，君主制被废除，共和国建立，国王路易十六和王后玛丽·安托瓦内特于1793年被处决。议会由雅各宾派及其领袖罗伯斯庇尔领导的公共安全委员会掌权，发动了一场"恐怖统治"，约四万人被处决，其中许多是农民或城市工人。当罗伯斯庇尔本人在1794年被送上断头台时，其恐怖统治才宣告结束。1795年，法兰西第一共和国督政府获得了法国的统治权，直到年轻的拿破仑·波拿巴将军于1799年掌权。

拿破仑战争与维也纳协议

1792年~1815年，各种欧洲联盟对抗法国：首先是法国大革命（1792年~1802年），法国人试图捍卫和传播共和主义；然后是拿破仑战争（1803年~1815年），拿破仑试图主宰欧洲。

奥地利、普鲁士、西班牙、尼德兰联邦和英国组成了第一支反法联盟军，最初的目的是让路易十六重新掌权。到1796年，法国新指挥官拿破仑·波拿巴在意大利北部取得了一系列对奥地利的决定性胜利，到1797年初，法国瓦解了联盟军，孤立了英国。然而，1798年，拿破仑在埃及的尼罗河河口海战（Battle of the Nile）中被英国海军上将霍雷肖·纳尔逊击败。一年后，拿破仑在马伦戈打败了奥地利，分别与奥地利（1801年）和英国（1802

年）签订了和平条约，结束了革命战争。

1803年，战争再次爆发，霍雷肖·纳尔逊在1805年特拉法加战役（Battle of Trafalgar）中摧毁了西班牙和法国的联合舰队，可惜，他在此期间身受重伤。同年，拿破仑在奥斯特里茨战役（Battle of Austerlitz）中击败了奥地利和俄国。此时，西欧大部分地区处于法兰西帝国的控制之下。接下来，拿破仑把目光投向了西班牙，但在1811年，他被西班牙、葡萄牙和英国赶出了伊比利亚半岛。1812年，拿破仑进攻俄国，结果被打败，五十多万军人死于严寒的冬季。1814年，拿破仑被迫退位；1815年，拿破仑短暂夺回政权，但在滑铁卢又败给了普鲁士、英国和比利时军队。

随后的1814年~1815年，奥地利政治家冯·梅特涅策划召开了维也纳会议，确立了欧洲的新格局，其核心是五大强国：英国、法国、普鲁士、奥地利和俄国。欧洲的政治版图诞生了：法国恢复了新国王的统治；荷兰共和国与比利时重新统一，由一个国王统治；五国列强重新瓜分波兰和意大利。一些历史学家认为，这次会议阻止了近一个世纪的欧洲大规模战争。

工业革命

在18世纪，英国改进了耕作方法，并进行大规模的圈地运动，从而提高了农业产量。这使得人口剧增和新的无地劳动者阶层的崛起，这一切推动了英国制造业的重大转型，即工业革命。

工业革命的主要成果包括：将机械引入纺织工业（比如，

詹姆斯·哈格里夫斯的珍妮纺纱机,于 1770 年获得专利);理查·阿克莱特在 1771 年成立了第一家工厂;用焦炭而不是木炭在鼓风炉中大规模冶炼生铁(由亚伯拉罕·达比在 1709 年研发);可以在工厂机器上运行的蒸汽发动机(由苏格兰工程师詹姆斯·瓦特于 1782 年研发)。这些技术进步促进了以机械化劳动为基础的大型工厂的兴起,取代了以农村、体力劳动或在家生产(家庭手工作坊)为基础的工厂。工业化也加速了城市化进程,到 1850 年,英国一半的人口居住在城市里。

工业化也与交通的改善齐头并进:18 世纪初,英国修建了数千条新道路,建立了一个巨大的运河网。1825 年,世界上第一条蒸汽客运铁路建成,使用的是乔治·斯蒂芬森的火箭蒸汽机车,到 1855 年,英国境内蜿蜒贯穿着数千条铁轨。

19 世纪,工业化进程蔓延到了欧洲。从 19 世纪 50 年代开始,德国鲁尔和加莱海峡地区的新煤田为铁路的扩建提供了便利。1871 年,德国统一后工业迅速发展,尤其是钢铁、化工和电力工业。铁路遍布欧洲和世界各地,美国于 1869 年建成了第一条洲际铁路(事实上,美国的工业化呈指数级增长,到 1900 年,美国已经成为领先的工业强国)。

工业社会、马克思主义和工人运动

当实业家和中产阶级商人在工业革命中蓬勃兴起时,普通工人的生活仍然艰苦,根本看不到希望。

劳动人民集中在磨坊、工厂和城市地区，逐渐团结起来，这也导致了工会的出现，以帮助促进他们的利益。英国第一次真正的工人阶级运动是宪章运动，他们从1838年起就要求进行全民投票。1832年《改革法案》（*The 1832 Reform Act*）扩大了英国的投票权，但没有给予任何类似的普选权。但是，到1848年，宪章运动停止了，部分原因是政府的镇压，部分原因是缺乏动力。

在欧洲大陆，工人阶级的不满感和失业率、民族主义的高涨，自由中产阶级对宪法和社会改革的呼吁不断，导致了1848年的一系列起义。革命浪潮始于法国，并蔓延到欧洲大部分地区，包括匈牙利、奥地利、爱尔兰、瑞士、丹麦，以及德国和意大利的许多城邦。到1849年年底，所有的起义都被镇压了下去，但政府被迫听从了人民的声音，民主、自由主义、民族主义和社会主义的理想得到了普及。

代表工人阶级政治观点的两位思想家是德国人卡尔·马克思和弗里德里希·恩格斯。他们在1848年出版的《共产党宣言》中阐述了自己的观点，他们相信经济实力塑造了整个历史，社会主义国家——也就是说，基于共同所有制和共同生产的无阶级社会——只有通过暴力革命才能实现。这一理论引起了欧洲中产阶级自由主义者的警觉，他们中的许多人钦佩英国的议会内阁制，他们选择在旧体制内工作，只要保留他们在政府中有发言权就行。

近东问题和克里米亚战争

随着奥斯曼帝国力量的衰落，近东问题随之而来，尤其是在俄土战争之后（1768年~1774年），这场战争以奥斯曼人的失败而告终。此后，欧洲列强为了维护自己在奥斯曼帝国领土上的利益而展开了一场权力斗争，他们认为奥斯曼帝国的解体迫在眉睫。

俄国渴望进入地中海，控制黑海，他们可以从奥斯曼帝国的解体中获益最多，而奥地利和英国，为了遏制俄国的扩张，试图维持奥斯曼帝国的统一。19世纪，当希腊人终于在1832年从奥斯曼土耳其人手中赢得独立时，东方问题再次出现。这标志着奥斯曼帝国的进一步衰落，它之所以能继续存在，很大程度上是因为欧洲列强的支持。

克里米亚战争（1853年6月）是俄罗斯与土耳其、英国、法国和皮埃蒙特的盟军之间的战争，这场战争主要是由长期对抗引起的，导火索是俄罗斯军队袭击土耳其舰队。大多数冲突发生在克里米亚半岛，导致了严重的生命损失：120万士兵中有三分之一死于战斗，其中太多的人死于疾病。盟军的装备很差，准备也不够充分，但由于弗罗伦斯·南丁格尔和玛丽·希科尔的干预以及她们在卫生标准方面的开创性工作，医院的条件有所改善。盟军最终取得了胜利，俄罗斯于1856年签署了一项和平条约，被迫将其海军舰队撤出黑海。

人口迁徙

欧洲帝国的崛起也导致了大规模的欧洲移民，尤其是在19世纪，欧洲人口翻了一倍多。19世纪30年代，欧洲的海外移民人数首次超过每年10万人，1840年~1930年，据估计，大约有5000万人离开欧洲前往海外。

绝大多数的欧洲移民去了北美（其中很多是英国人、德国人和爱尔兰人）。1800年~1917年，约有3600万欧洲人移民美国；600万欧洲人前往南美洲，特别是阿根廷和巴西，西班牙人、意大利人、葡萄牙人和德国人在那里定居；另外500万人（主要是英国人和法国人）去了加拿大。

许多移民找到了就业机会和肥沃而廉价的土地，过上了更好的生活。然而，有些人却没能如愿：英国罪犯被送往澳大利亚；法国罪犯被送往新喀里多尼亚和法属圭亚那；俄裔犹太人则为了躲避迫害而前往中亚或巴尔干。

1845年~1851年，有100万人在爱尔兰饥荒中丧生，另有100万人离开了这个国家。大多数爱尔兰移民去了北美：到1850年，爱尔兰人已占美国许多城市人口的四分之一，同时还有数千人移居加拿大、澳大利亚、英格兰和苏格兰。随着欧洲人口的增长，爱尔兰人口从1871年的550万骤降至1911年的440万。这场马铃薯疫病引起的饥荒是欧洲最后一次严重的生存危机，不仅影响到了爱尔兰，还影响到了北欧其他地区。

民族国家的崛起

19世纪时，民族主义在欧洲发展成为一股强大的政治力量。所谓民族主义，就是这样一种理念：认为应由同样种族、语言或历史渊源的群体合作管理自己的国家。维也纳会议关心的是欧洲的权力平衡，却在很大程度上忽视了民族主义的理念。

当民族主义得到欧洲大国的支持时，通常会取得胜利：1830年，比利时在法国和英国的帮助下从荷兰独立出来；1832年，希腊在欧洲列强的帮助下脱离了奥斯曼帝国；在19世纪后期，塞尔维亚人、保加利亚人、罗马尼亚人和亚美尼亚人都建立了民族国家。

同样，在意大利，政治家卡沃尔伯爵在法国拿破仑三世的帮助下成功地把奥地利人赶出了意大利。到1870年，在西西里岛和意大利南部，朱塞佩·加里波第取得胜利后，整个意大利统一了。

在德国，1866年的奥地利-普鲁士战争导致了普鲁士对德国各州的统治，并推动了德国实现统一（没有奥地利）。这次失败对奥地利帝国是一个巨大的打击，它已经被民族主义者的起义所削弱：前奥地利的威尼西亚省被移交给法国，然后是意大利（普鲁士的盟国）。《1867年奥地利-匈牙利折中方案》(*The Austro-Hungarian Compromise of 1867*) 使得匈牙利和奥地利处于事实上的自治状态，虽然它们拥有一个共同的奥匈皇帝（这种多样化的统治越来越多地受到不同民族的压力，比如，塞尔维亚、克罗地亚、捷克和波兰。未能解决这些民族主义者的愿望，就是第一次世界大战的原因之一）。

普法战争（1870年~1871年）导致法国战败（阿尔萨斯和洛林被割让给了德国）。1871年，由于德国民族主义的浪潮，法国被迫妥协，德国各州宣布其联邦由新皇帝威廉一世统治，由政治家俾斯麦担任首相。新生的德意志帝国迅速成为欧洲大陆的主导力量。

美洲

美国独立战争

在18世纪，英国与美国殖民地之间的关系恶化，主要是由于殖民地对其在英国议会中缺乏代表权而产生不满。当英国试图增加新的税收时，紧张局势升级，最终导致了一系列抗议活动，包括1773年的波士顿倾茶事件，殖民地居民向波士顿港倾倒了三船茶叶。

1776年，英王乔治三世拒绝在税收问题上妥协，也不愿倾听殖民地人民的心声，于是，武装抵抗导致了全面战争。启蒙运动时期的自由和民主理想，以及托马斯·潘恩的煽动性小册子《常识》的出版（该书主张摆脱英国统治），在一定程度上助长了日益倾向于独立的公众情绪。

由于无望获得和平结果，1776年7月4日，殖民地人民通过了《独立宣言》，宣布美洲殖民地统一为"自由独立的国家……，免除对英国王室的一切效忠"。战斗持续了五年：英国军队由于缺乏补给和对当地情况的不了解，尽管屡战屡捷，却无法摧毁乔治·华盛顿的军队和美国人的意志。

1778年，法国与大陆会议（Continental Congress）的结盟也改变了战争的性质，特别是英国被欧洲和西印度群岛的战争分散了注意力时，1781年，美法联军在弗吉尼亚州约克镇赢得了最后一场大战。1783年的《巴黎条约》最终承认了美利坚合众国的独立。1787年，殖民地代表起草了一部非常先进的《美国联邦宪法》，为美国的代议制民主提供了框架。

西班牙属美洲殖民地的独立

北美和法国的革命，以及启蒙运动的自由主义思潮，也鼓励了美洲的西班牙殖民地为独立而战。大约1808年~1825年，整个南美洲和中美洲获得了独立，西班牙不再控制除了古巴和波多黎各（直到1898年仍处于西班牙统治之下）这两个加勒比岛屿以外的任何地区。

冲突的导火索出现在1808年，当时拿破仑的弟弟约瑟夫在半岛战争中推翻了西班牙王室的统治。法国人摧毁了西班牙的统治，使其分裂成地方武装力量和混乱局面。许多西班牙殖民地居民认为他们有能力任命自己的政党，最终导致了爱国者和保皇派之间的冲突，爱国者提倡自治，保皇派认为西班牙仍然有权威。

争取独立斗争中最重要的两位爱国领袖是西蒙·玻利瓦尔和

何塞·德·圣马丁。1813年，玻利瓦尔在委内瑞拉领导了一场起义，并于1821年宣布独立。随后，他把斗争带到了哥伦比亚，打败了西班牙人，成了哥伦比亚的第一任总统。他后来与何塞·德·圣马丁领导的南方独立运动联合起来。圣马丁和他的副手贝尔纳多·奥·希金斯（有一半爱尔兰血统，一半智利血统）击败了保皇党军队，使智利在1818年宣布独立（奥·希金斯成为智利的独裁者，统治期为五年）。

两次起义都在西班牙殖民地秘鲁利马结束。1821年秘鲁宣布独立，圣马丁成为总督，任期一年。阿根廷于1816年宣布独立，墨西哥于1821年宣布独立，葡萄牙殖民地巴西于1822年由多姆·佩德罗一世宣布独立。

北美扩张和"昭昭天命"

19世纪，美国进一步深入北美大陆，向西扩张到太平洋沿岸，"从海岸到海岸，都是波澜壮阔的海"。1803年，美国从法国人手中购买了路易斯安那，让美国领土几乎翻了一倍；1820年，佛罗里达、密苏里和缅因州加入美国联邦；到1848年，在与墨西哥的战争之后，德克萨斯、加利福尼亚和新墨西哥被纳入美国版图（1846年~1848年）。

与此同时，1846年，与英国签订的《俄勒冈条约》让美国拥有了西北太平洋地区，而1849年的加州淘金热，导致数十万淘金者（即所谓的"淘金者49人队"）涌入美国。1860年

~1900年，数百万美国人和欧洲移民定居在这片新大陆上。到1898年西班牙属美洲殖民地的独立战争结束时，美国已经从俄罗斯手中购买了阿拉斯加，吞并了夏威夷，并控制了一些海外领土，包括波多黎各、关岛和菲律宾。

"昭昭天命"在支持美国扩张主义方面发挥了重要作用。1845年，《纽约晨报》编辑约翰·奥沙利文首次提出这个短语，以敦促吞并德克萨斯。"昭昭天命"演变成了一种道德意识形态，将扩张主义视为一种神圣使命，强迫美洲土著人背井离乡（还屠杀了数百万头水牛）。

面对无家可归和饥饿，美洲印第安人进行了反击，最著名的一次是1876年的小巨角战役（Battle of Little Bighorn），当时苏族和夏安族战士杀死了美国陆军上尉团长卡斯特手下的268名美国士兵，这也是美国历史上的有名事件"卡斯特的最后据点"（Custer's Last Stand）。但是，美国军队进一步镇压，最后在1890年的伤膝河大屠杀（Wounded Knee massacre）中击败了印第安人。存活下来的印第安人大约只有50万（而1500年北美住着450万印第安人），都被限制在保留地（美国政府给他们提供的区域相对较小）。

美国南北战争

在美国推行其扩张政策的过程中，北方的工业化州（在很大程度上放弃了奴隶制）和南方的农业州（拥有奴隶的州）之间的紧张关系日益加剧。1860年，当反对奴隶制的共和党候选人亚伯拉罕·林肯当选总统时，南方各州担心林肯会试图废除奴隶制，于是从联邦中分裂出来，组成了"南方联盟"。南方联盟的主要目标是成立一个公认的独立国家，而林肯从战争一开始就维护联邦完整。

战斗始于1861年，当时南方联盟军在南卡罗来纳州的萨姆特堡向北方联邦军开火。接着，双方很快就开始招募军队。7月21日，"石墙"将军杰克逊和包瑞德将军率领的南方军将三万左右北方军赶回了弗吉尼亚州的马纳萨斯。联邦政府震惊了，赶紧下令增派50万士兵。1863年，林肯发布了《解放黑奴宣言》（其中承诺，年底之前，没有回归邦联的任何南方州的奴隶都将获得自由）。这给了战争一个新的道德目标（解散南方联盟），因为事实证明，想与南方和解，那是不可能的。

1863年，联邦政府在维克斯堡战役（Battle of Vicksburg）中获得了密西西比河的控制权。与此同时，北方军在葛底斯堡之役中击退了南方军，阻止了他们向北推进（1863年11月，林肯在这里发表了著名的葛底斯堡演说）。随着联邦将军威廉·谢尔曼占领亚特兰大和乔治亚州的萨凡纳，南方联盟逐渐衰落。联邦军队的最高指挥官格兰特将军于1865年4月发起了最后的进攻，并于4月9日在阿波马托克斯接受了联盟领袖罗伯特·李的投降。北方的胜利导致了美国奴隶制的废除、南方联盟的结束和北方联邦政府的巩固。这也是美国历史上最残酷的战争之一，超过60万美国人在这场战争中丧生，数量之多，实属空前绝后。

大洋洲

詹姆斯·库克船长和欧洲在澳大利亚的殖民地

1768年~1779年,英国海军上校兼航海家詹姆斯·库克带领三支探险队进入太平洋,在此期间,他抵达了塔希提岛和南太平洋主要岛屿群;环绕新西兰航行,在澳大利亚东海岸登陆(他宣称那是英国,命名为新南威尔士),并发现和探索了夏威夷(他于1779年在那里被杀害)。他对这里的详细描述为欧洲人了解大洋洲做出了很大贡献,也开启了欧洲人的大规模殖民活动。

1788年,也就是库克船长首次登陆18年后,一支载有759名罪犯的英国舰队抵达了澳大利亚的博特尼湾,并在悉尼湾建立了殖民地。在接下来的80年里,超过16万罪犯被送往新南威尔士州、范迪门斯岛(1803年定居于此,该岛于1856年改名为塔斯马尼亚岛)和西澳大利亚州(1829年建立)的劳改营。自19世纪20年代以来,自愿移民开始陆续到来,但在最初的几十年里,罪犯占据了殖民地人口的大多数。从新南威尔士分离出去的殖民地包括:1836年的南澳大利亚,1851年的维多利亚和1859年的昆士兰。当地土著人人口估计有75万~100万,在欧洲人定居后的150年里急剧下降,主要是由于传染病(比如天花)。棚户区(尤其是在澳大利亚东部)也导致了殖民者与土著人的暴力冲突。

19世纪50年代和60年代的淘金热导致了大量移民涌入,

增加了政府在基础设施方面的支出。1868年，人口增长到100万，殖民地能够自给自足，不再需要罪犯，输送罪犯的工作也就结束了。在19世纪末，澳大利亚的六个殖民地都开始探索成立一个联邦国家的美好前景。

欧洲在新西兰和太平洋岛屿的殖民地

1769年，库克船长占领了新西兰的海岸线，此后，外国船只陆续抵达新西兰海岸，先是为海豹和鲸鱼设立了捕猎站，后来又建立了农场、矿场和永久定居点。他们进行各种商品贸易，经常是交换火枪，土著毛利族在部落之间的战争（1801年~1840年）中使用这种武器造成了毁灭性的后果，战死的毛利人有3万~4万（总人口是15万）。新殖民者带来的新传染病也导致毛利族人口的进一步减少。

1840年，英国正式吞并新西兰，移民的数量开始增加。土地所有权的冲突导致了19世纪60年代和70年代的新西兰战争，这导致了毛利人的大量土地丧失和被没收。19世纪60年代的三次淘金热导致白人人口激增至24.8万，而毛利人人口则减少至3.85万。1852年，新西兰获得自治权，并成立了自己的议会（联合大会），1907年成为自治领土。

太平洋上的其他岛屿也大范围地被殖民化，其中包括：1880年被法国吞并的塔希提岛；图伊·卡诺库柏鲁王朝统治下的汤加，1845年合并成更西方化的王国，1900年成为英属国家

（同时保留原来的王室）；一直处于马里托阿酋长统治下的萨摩亚群岛，1899年被德国和美国吞并；1893年被美国和欧洲人推翻的夏威夷王室，1898年被美国吞并；还有斐济，1874年成为英国的殖民地。

第六章
新世界秩序
(1900年~1945年)

中东和非洲

抵抗欧洲殖民统治

当欧洲人急于宣称对非洲大陆拥有主权的时候,惨遭压迫的非洲人民就开始奋起反抗了。但由于缺乏凝聚力,大多数反抗运动都被欧洲人先进的军事技术击败了。

在今天的埃及、苏丹和索马里等非洲东北部国家,出现了一些百折不挠的抵抗,尤其是那些为守护伊斯兰教而战的人们。在"瓜分非洲"的过程中,大索马里遭到了英国、意大利和埃塞俄比亚的疯狂分割,来自非洲之角的穆斯林组成了一支军队(被称为"苦修僧"),建立了一个由索马里宗教领袖穆罕默德·阿卜杜勒·哈桑领导的国家。苦修僧们将英国人围困了25年,直到1920年,最终败给了英国轰炸机的空袭。

在德属西南非(现在的纳米比亚中部),被剥夺了土地和牲畜的赫雷罗人于1904年~1907年发动了起义。起义的人民要么被德国军队击毙,要么被送往劳改营,结果,超过75%的赫雷罗人丧生(从1904年前的8万人减至1911年的1.5万人)。

德属东非(现在的坦桑尼亚)也导致了非洲的暴力抵抗,特别是抵制德国种植棉花出口的政策。这场起义以斯瓦希里语

"马及马及"（Maji Maji，"水"之意，这是一种灵媒，起义者相信这种魔法水可以保护自己免受德国子弹的伤害）一词而得名，史称"马及马及起义"。德国政府镇压了起义，系统性地摧毁了村庄、庄稼和粮仓，由此造成的饥荒导致了二十多万人丧生。

南非统一和埃塞俄比亚帝国

1910年，荷兰前殖民地德兰士瓦和奥兰治自由邦与好望角殖民地和纳塔尔省合并，组成了南非联邦，成为英国的自治领。

在南非，新的法律系统化地大大限制了黑人的社会和经济生活，并将90%的土地分给了人口少的白人，而人口多的黑人只获得10%的土地作为"原住民保留地"。在德兰士瓦和奥兰治自由邦殖民地，非白人被剥夺了选举权，而在好望角和纳塔尔，绝大多数黑人被剥夺了选举权。

作为对这种歧视的回应，中产阶级非洲黑人于1912年成立了南非土著人国民大会，以要求政治权利。1923年，更名为非洲国民大会，并于20世纪40年代中期开始成为一种活跃的群众运动。

1896年，意大利入侵埃塞俄比亚失败后，后者几乎成了唯一成功反抗殖民统治的非洲国家。1917年，拉斯·塔法里王子掌权，1930年成为皇帝，史称"海尔·塞拉西"（"圣父、圣子、圣灵三位一体"的力量），他努力使国家现代化。1936年~1941年，意大利占领了埃塞俄比亚，他只得流亡英国。在英国军队解放埃塞俄比亚之后，塞拉西回国。1942年，他宣布奴隶制非法（在20世纪30年代，埃塞俄比亚2600万人口中约有200万奴隶）。20世纪30年代在牙买加开始的"拉斯塔法里运动"（The Rastafari movement）将海尔·塞拉西尊为救世主，他将带领非洲人民走向自由。这次运动的许多追随者被称为"拉斯塔法里教徒"，他们至今仍在牙买加和世界各地出没。

奥斯曼帝国的解体

奥斯曼帝国长期以来一直被称为"欧洲病夫"，因为在19世纪，它失去了许多欧洲领土（即希腊、塞尔维亚、黑山和罗马尼亚）和阿拉伯省份（阿尔及利亚和突尼斯属于法国，埃及属于英国）。

1908年，奥匈帝国吞并了前奥斯曼帝国的波斯尼亚和黑塞哥维那，同年，保加利亚也宣布独立。在意大利-土耳其战争（1911年12月）中，奥斯曼帝国失去了今天的利比亚，巴尔干联盟（由黑山、保加利亚、希腊和塞尔维亚组成）袭击了土耳其。随后爆发的巴尔干战争（1912年~1913年）导致了奥斯曼帝国战败，让它几乎失去了巴尔干地区的所有领土。

奥斯曼帝国在第一次世界大战中的失败导致了它的最终解体，迫使它在《色佛尔条约》（1920年签订）中放弃了所有非土耳其领土。叙利亚在短暂的独立期之后，成为法国的托管地（换句话说，国际联盟把叙利亚交付给法国管理），而巴勒斯坦、约旦和伊拉克成为英国的托管地。

1923年，苏丹穆罕默德六世被废黜后，土耳其共和国宣告成立，陆军上将穆斯塔法·凯末尔担任首任总统，并被誉为"阿塔图尔克"（Atatürk，"土耳其之父"之意）。他引进了许多政治和社会改革，包括废除哈里发，引入新的民事和刑事法典，采用拉丁字母，给予妇女投票权。所有这些都是为了使土耳其成为一个现代化的非宗教国家。

巴勒斯坦与犹太复国主义运动

巴勒斯坦（约旦河以西的土地，包括耶路撒冷和拿撒勒圣地在内的官方政治名称）曾是奥斯曼帝国的一部分，在第一次世界大战之后，沦为了英国的托管地。

这里涉及《贝尔福宣言》（1917年），英国政府表示赞同犹太人在巴勒斯坦建立国家的公开保证，并正式宣布支持犹太复国主义运动。阿拉伯巴勒斯坦人拒绝接受托管，于是，犹太人和阿拉伯人之间冲突不断，随后出现了一段时间的动荡和骚乱。作为回应，犹太人建立了自己的地下军事组织哈加纳，旨在保护犹太人住所不受阿拉伯人的攻击。

犹太人在巴勒斯坦的人口发展缓慢，直到20世纪30年代，纳粹德国对犹太人的迫害导致这里的移民增加。阿拉伯人震惊了，于1936年~1939年反抗并袭击犹太人住所。自从1897年世界犹太复国主义者代表大会以来，犹太复国主义运动（又称

"锡安主义运动",以曾经的耶路撒冷要塞所在地锡安山命名)日益壮大,此后,分裂出一个右翼极端组织——"斯特恩帮"(The Stern Gang),专门袭击在巴勒斯坦的英国人。

在这场阿拉伯动乱期间,英国政府认为双方无法和解,建议将巴勒斯坦划分为犹太国家和阿拉伯国家。该提议遭到拒绝,随后由于二战,导致犹太非法移民大量增加,巴勒斯坦的恐怖主义死灰复燃。1948年,联合国最终承认以色列立国,这标志着犹太复国主义运动的成功。

远东

义和团运动和1911年辛亥革命

中国的清朝在经历太平天国运动(1851年~1864年)的重创之后,一直未曾恢复元气。在随后的几年中,欧洲列强不断地干涉中国,想把各自的商业活动扩展到中国境内。

这种外来的入侵,加上不断增加的基督教传教活动,引起了人们的强烈怨恨,这时,一个秘密组织——义和团,登上了历史舞台,发起了一场民众运动——义和团运动或义和拳运动(1899年~1900年)。这场运动从中国北方开始,因为进口外国商品造成了大量失业。义和团的目标是杀害或袭击外国传教士、中国基督徒和外国领事,并破坏铁路和电报线路。

在外国人被迫在北京使馆区避难（德国大使被杀）之后，欧洲列强于1900年8月派遣了两万联军进攻中国。1901年9月，慈禧太后被迫接受了苛刻的和平协议条款，该条款赋予外国人对中国财政收入更大的控制权。俄国趁机占领满洲（导致了1904年~1905年的日俄战争），英国人则入侵西藏。但是，中国并没有被欧洲列强瓜分，部分原因是义和团的狂热抵抗。历史表明，任何瓜分中国的企图都会导致中国人民的大规模反抗。

然而，清朝的统治遭到了致命的削弱，最终在孙中山领导的1911年辛亥革命中走向灭亡。1905年，孙中山成立了反清革命同盟，并开始宣传革命思想。1911年10月武昌起义后，各省相继独立，1912年1月1日，中华民国宣告成立，孙中山任临时总统，中国两千多年的封建帝制结束。1912年2月，年仅6岁的清朝末代皇帝溥仪被迫退位。

日本的崛起

到1900年，日本已经发展为一个工业化的世界强国，拥有一支现代化的陆军和海军。到1920年，日本海军已经跻身世界第三名。这一新的力量战胜了中国（1894年~1895年的中日甲午战争）和俄罗斯（1904年~1905年的日俄战争），并占领了台湾（1895年）和朝鲜（1910年）。

于是，日本逐渐开始扩张，推行军国主义政策，其主要目的是控制中国和远东地区，从而确保获得其经济发展至关重要的原材料和市场，因为日本的资源贫乏。在第一次世界大战中，日本站在协约国一边作战，并得以扩大其领土（占领了德国在太平洋北部岛屿的领土）。日本还对中国东北的满洲施加了巨大影响，以控制那里的煤炭和铁矿石储量。1931年，日本军队夺取了东北三省"首都"奉天，侵占了该省，并于1932年建立了伪满洲国（傀儡是皇帝溥仪）。

1937年，日本开始侵略中国其他地区；到1938年年底，日本人不仅占领了中国北方，南方城市上海、南京、广州和汉口也跟着沦陷了。在南京大屠杀中，有三十多万平民被日军屠杀[①]。到1939年，战争陷入僵局，日军无法在陕西打败共产党领导的军队。1940年，日本入侵法属印度支那，1941年袭击了美国在珍珠港的海军基地，从而使美国加入了第二次世界大战。由于美国在广岛和长崎投放原子弹爆炸后，1945年，日本无条件投降，之后，日本军队从中国撤出。第二次世界大战的同盟国大大削弱了日本帝国的实力，并解放了它的殖民地。

中国内战

1911年的中国辛亥革命证实，国民党并不是强有力的中央政权，地方军阀重新控制了他们各自的地盘。在20世纪20年代末，国民党设法通过一场名为北伐战争的军事运动来统一全

[①] 依中国官方数据改为30多万。——译者注

国，还把首都从北京迁到了南京。

1927年，国民党开始肃清1921年在上海成立的中国共产党。于是，共产党撤退到农村，并与农民起义相结合，控制了中国南方几个地区。1931年，马克思主义革命领袖毛泽东和朱德在江西创建了中国共产主义政权（江西苏维埃），并不断发展壮大，覆盖了拥有900万人口的区域。国民党几次围剿共产党，但是都被共产党一次次粉碎了。直到1934年，最后一次反围剿失败，他们被迫退出中央革命根据地，突围转移。在毛泽东的领导下，一支八万人的军队用了长达一年的时间北上，从江西转战到了陕西，这就是著名的长征。长征后，只有大约两万人幸存下来，毛泽东在延安建立了共产党司令部，继续与国民党做斗争。

1937年，共产党和国民党同意在抗日战争中联合抗日。实践证明，共产党是一支有效的抗日力量，其影响力也在不断扩大，到战争结束时，中国大约有9600万人处于共产党的领导之下。1946年，共产党和国民党之间再次爆发内战，共产党取得了碾压性的胜利。1949年，中华人民共和国成立，毛泽东担任第一任国家主席。

印度独立

寻求独立的民族主义者对英国在印度的统治施加了越来越大的压力。印度国民大会于1885年成立，最初是为了让更多的印度人参与政府事务。1920年起，国民大会由印度精神领袖莫罕达斯·甘地领导。甘地被称为"圣雄"（"伟大的灵魂"之意），他的目标是通过非暴力手段实现印度独立。1916年，国民大会与印度穆斯林联盟联手，促进印度统一。

第一次世界大战期间，印度军队忠诚地为英国服务，但印度国内的民族主义情绪高涨，导致英国统治时期出台了反叛乱法律。作为反抗，甘地敦促追随者们停止工作，并于1919年4月在阿姆利则策划了一场大罢工。政府军队逮捕了罢工的头目，然后向聚集的一大群人开枪，杀死了372人，打伤了1200多人。于是，整个旁遮普地区的暴力冲突不断，印度内乱日益加剧。

接着，国民大会党获得了广泛的支持，成千上万的人加入了甘地的非暴力反抗运动，抵制英国的产品和法律制度。英国政府也实施了镇压，于1930年和1931年逮捕了包括甘地在内的六万多人，很大程度上又控制了这个国家，但非暴力反抗仍在继续。到1937年，国民大会党在地方选举中取得了相当大的成功，并反对英国提供的自治领地位，继续要求彻底独立。

1947年，在印度教徒和穆斯林的冲突中，国民大会党和穆斯林联盟一致同意将南亚次大陆划分为两个自治板块：印度和巴基斯坦。然而，甘地反对分治，并没有参加德里的庆祝活动，就在他回到德里时，不幸被一名印度教狂热分子谋杀。

欧洲

三国协约和军备竞赛

1900 年，欧洲列强之间的紧张关系加剧，导致了各种复杂联盟的建立。这些本来是为了维持欧洲的稳定局面，但条约和担保的复杂关系终究会让列强陷入相互的战争中。

法兰西-普鲁士战争之后，新统一的德意志帝国总理奥托·冯·俾斯麦于 1882 年和意大利以及奥地利结成三国同盟，试图孤立法国。此后，德国的军事和工业实力不断增强，并于 1898 年开始了一项雄心勃勃的海军建设计划，旨在挑战英国的海上霸权。

19 世纪后半叶，法国和英国变得越来越孤立，1904 年，两国正式签署了一项友好协议，称为"英法协约"。这有效确保了两国不会干涉彼此在海外的殖民利益。1894 年，法国还与俄罗斯结成同盟，以抗衡德国的三国同盟。1907 年，英国签署了英俄协约。于是，英法俄三国一起组成了三国协约。

英国和德国之间激烈的军备竞赛（部分原因是英国开发了强大的新型战舰，其代表是 1906 年的"无畏号"战列舰）延伸到了欧洲其他国家，所有的大国都开始了现代化进程，并增加了军备支出，进入备战状态。

第一次世界大战爆发和西线战场

1914 年 6 月 28 日，在波斯尼亚首都萨拉热窝，一名塞尔维亚少年刺杀了奥匈帝国皇位继承人弗朗茨·斐迪南大公,战争由此爆发。奥匈帝国在巴尔干战争中受到塞尔维亚领土扩张的威胁,于7月28日对塞尔维亚宣战。一个星期后,由于各种复杂的联盟,所有的欧洲大国都卷入了这场冲突:俄国为了支持塞尔维亚,在奥地利和德国边境调动了军队;随后,德国对俄罗斯及其盟友法国宣战,并实施对法国发动先发制人的攻击计划,于8月3日入侵比利时;8月4日,英国履行其保护比利时中立地位的承诺,对德国宣战。

这场战争很快吸引了其他的国家和对手:日本加入了协约国(法国、英国和俄国),后来意大利、葡萄牙、罗马尼亚也卷了进来,最后加入的是美国和希腊,而奥斯曼帝国和保加利亚则加入了同盟国(德国和奥匈帝国)。

德国在击退了比利时的英国军队之后,又大举进攻法国西北部,打算在六个星期之内击败法国。但是,由于在马恩河战役(Battle of Marne)中的失败,德军的进攻遇到阻碍。同时,由于在第一次伊普尔战役(Battle of Ypres)中的失利,德国向海峡港口的挺进也停滞不前。

从那以后,双方开始着手进行堑壕战,从瑞士边境到比利时海岸,双方挖了数百英里的战壕进行防御。1914年~1917年的三次关键战役发生在伊普尔,第三次战役又叫帕斯尚尔战役(Battle of Passchendaele,1917年7月至11月),造成了超过50万人的伤亡。1916年在凡尔登,德国人试图让法国军队血流成河,却被法国人打了回来。与此同时,在索姆河以北,爆发了另一场有史以来最血腥的战役，伤亡人数超过 100 万（其中包括 57 470 名英国人伤亡，仅在第一天的战斗中就有 19 000 多人被杀）。

三年激烈的堑壕战，导致的伤亡人数史无前例（由各种现代武器造成，主要是大炮，也有迫击炮、机枪和手榴弹），双方却陷入僵局，而双方的战线都不超过 10 英里（约 16 公里）。

东线战场和其他战区

由于无法打破战场上的僵局，新的战场卷入了战争。在东欧，俄国人于 1914 年入侵东普鲁士，但在坦嫩堡战役（Battle of Tannenberg）中被击败。1915 年 8 月，他们又被奥匈帝国和德国军队击退，在将波兰拱手让给德国之前，幸好保住了奥地利的加利西亚地区。1918 年，十月革命后的俄国与德国签订了《布列斯特-利托夫斯克条约》，之后便退出了这场冲突。如此必然解放了大量的德国和奥匈帝国军队，以及西线急需部署的武器装备。

1915 年 4 月～1916 年 1 月，协约国（由英国、法国、澳大利亚和新西兰军队组成）试图通过在土耳其的加里波利战役（Gallipoli Campaign）迫使奥斯曼土耳其退出战争，但未能如愿。协约国在中东取得了较大的成功，1917 年，他们在阿拉伯人（阿拉伯的劳伦斯和其他英国军官也参与其中）的帮助下突破了奥斯曼帝国在加沙的防线，占领了耶路撒冷。1918 年，协约国军队在叙利亚的米吉多击败了土耳其人，占领了大马士革。在美索不达米亚的第二次战役中，他们又征服了现在伊拉克的大部分地区,并于 1917 年 3 月占领了巴格达。但不久之后,大量的英国和印度军队惨遭失败,并在库特被对方活捉。

在非洲,英联邦和法国瞄准了德国的殖民地,1914 年占领了多哥兰,1916 年攻克了喀麦隆。1915 年,南非征服了西南非洲,但德国的游击战阻止了南非控制东非。在太平洋,德国的殖民地被日本、澳大利亚和新西兰的军队占领。1915 年,意大利东北部爆发了一场灾难性的漫长战役,接着,意大利加入了协约国,最终导致了 1918 年对战奥匈帝国的胜利,尽管在此之前,1917 年末,意大利军队在卡波雷托战役中惨败之后加入了西线战场,得到了英法联军(以及一些美国军队)的增援。

在海上,尽管战前海军军备竞赛很疯狂,然而,1916 年,英国和德国舰队在日德兰(丹麦)的唯一一次主要海战却不了了之,此后,德国公海舰队也没再大规模出海。德国于 1915 年 2 月实施的"无限制潜艇战"政策取得了颇大的成功,切断了通往英国的补给线;但是,同年 4 月,"卢西塔尼亚号"客轮的沉没导致许多美国人丧生,而当时美国还处于中立状态,这次事件成了 1917 年美国决定加入协约国的重要原因之一。

第一次世界大战结束

德国发动了大规模进攻,目的是在美国军队到来之前取得胜利,但事与愿违,突然遭遇了英国的海上封锁(严重消耗了德国的原材料和食品库存),导致了战争的突然结束。1918 年

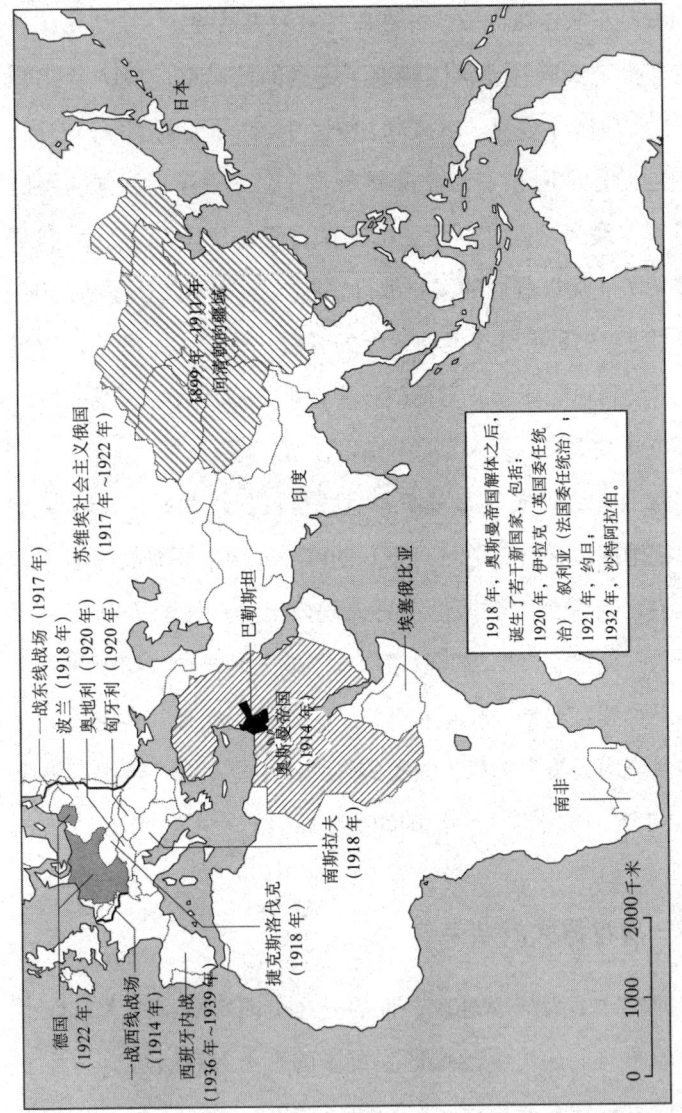

地理示意图6 第一次世界大战前格局的形成与战后影响（1899年~1922年）

2月，结束了在俄国的战役，3月，德国人利用从东线调来的部队发动了进攻。当时，德国在西线的军队有350万人。然而，在新抵达的美国军队的帮助下，协约国坚守阵地并进行反击，最终于1918年9月底突破了之前坚不可摧的"兴登堡防线"。精疲力竭的德国军队被迫撤退，11月11日签署了停战协定，结束了西线的敌对行动。那时，保加利亚、奥匈帝国和土耳其已经与协约国签订了停战协定。

事实证明，这是历史上最致命的战争之一，有3000万平民和军人伤亡（约850万死于战争）。1919年~1923年，美国、英国和法国派出代表召开巴黎和会，签订了一系列和平条约，史称《凡尔赛和约》。《凡尔赛和约》要求德国对战争的爆发负责，迫使它为战争造成的损失向协约国支付赔款，并严格限制其武装力量。德国的殖民地，以及德国在欧洲范围内的领地都要放弃，比如，阿尔萨斯-洛林割让给法国；西普鲁士割让给复国后的波兰。同时，欧洲列强还支持成立了国际联盟，这是政府之间维持和平的组织。

此外，奥匈帝国、保加利亚和奥斯曼帝国的残余势力之间也签订了条约。奥匈帝国实际上已经分崩离析，形成若干小政权：小奥地利、独立的匈牙利、复国后的波兰、扩大的塞尔维亚（即南斯拉夫）和全新的捷克斯洛伐克。保加利亚被迫将领土割让给罗马尼亚、希腊和南斯拉夫；已经解体的奥斯曼帝国加入了土耳其共和国；叙利亚变成了法国的托管地；巴勒斯坦和约旦割让给了英国政府。

西班牙流感

随着历史上最惨烈的世界大战接近尾声，1918年大流感（或西班牙流感）接踵而来，让已经饱受战争蹂躏的世界又增加了2000万~4000万的死亡人数。

通常认为，第一波流感起源于1918年3月的美国堪萨斯州方斯顿军营。在接下来的一个月里，大批携带病毒的美国军队开始抵达西欧。1918年8月，这种疾病变异成一种更致命的病毒，在接下来的冬季出现了第三波。一旦感染上，病毒就会极速传播，症状初次出现的两天之内就会导致多达20%的感染者死亡。不同寻常的是，流感的大多数受害者是20~40岁的健康成年人，因为他们的免疫系统强大，反而有利于病毒破坏他们的身体。

这场流感几乎影响了世界上所有的人类居住地，造成了大约3%的世界人口死亡，可谓人类历史上最致命的自然灾害之一。在印度，大约有1000万~1700万人死亡；在印度尼西亚，3000万人口中有150万人死亡；在美国，大约有67.5万人死于这种病毒；在英国，则超过20万人丧生。

到1919年春，这场疫情已经基本接近尾声。20世纪20年代也发生过其他疫情，但死亡率要低得多。

女性参政权

在整个19世纪，妇女为争取投票权而斗争。1893年，新西兰是世界上第一个给予妇女选举权的国家，1902年，澳大利亚紧随其后。在美国，怀俄明州在1869年赋予了21岁以上的妇女投票权，但直到1920年，美国的全国妇女才获得投票权。在欧洲，1906年，芬兰成为第一个给予妇女选举权的国家；接着，1913年，挪威紧随其后；1917年，俄国也赶上（作为革命的结果）。在英国，自1897年以来，全国妇女选举权协会联盟（又称"参政权扩大论者"）一直在为争取普选权而游说。1903年，埃米琳·潘克赫斯特建立了更激进的妇女社会和政治联盟（妇女参政权论者）。她们打出了"行动胜于空谈"的集会口号，发动了一场曝光度很高的运动，其中包括对公共建筑的纵火袭击，以及在监禁期间拒绝进食。1913年6月4日，在爱普索姆赛马会上，妇女参政权论者艾米丽·戴维森来到英王乔治五世的坐骑"安莫"面前，遭到马蹄践踏，四天后因伤势严重而身亡。

第一次世界大战期间，两场竞选几乎都停止了政治活动，但由于征召男性入伍，妇女参与了传统上被视为男性专属的各种工作。1918年，英国30岁以上拥有财产的妇女终于获得了选举权，到1928年，她们可以与男性平等投票。

在战后欧洲的其他地方，比如德国、奥地利和波兰的妇女也获得了选举权，而法国直到1944年才给予妇女选举权，比利时是在1948年。1971年，瑞士成为最后一个赋予妇女平等投票权的欧洲国家。

俄国革命和苏联崛起

在 20 世纪初,沉重的税收给俄国的穷人带来了越来越多的痛苦,而俄国在日俄战争(1904 年~1905 年)中的惨败进一步加剧了人们的不满情绪。

政治和社会动荡不安,尤其是政府军队在圣彼得堡向和平抗议的游行群众开火,最终导致了 1905 年的革命。1906 年,武装力量内部的罢工和叛乱迫使沙皇尼古拉二世建立了议会(国家杜马)。然而,沙皇拒绝了从专制制度向君主立宪制转变的尝试,当俄国加入第一次世界大战时,社会依旧风雨飘摇。

1917 年 3 月,饱受战争摧残的俄国在圣彼得堡面临新的动乱,最终导致沙皇退位(结束了罗曼诺夫帝王朝三百多年的统治)和临时政府的成立。1917 年 11 月,在十月革命期间,一直在推动社会主义革命的弗拉基米尔·列宁的布尔什维克党夺取了政权。1918 年 3 月,布尔什维克党签署了《布列斯特 - 利沃夫斯克条约》,标志着俄国退出了战争。

接着,内战在红党(布尔什维克)和白党(更保守、反布尔什维克、曾一度受到协约国支持的俄国人)之间展开了。从 1918 年起,俄国共产党(即"布尔什维克")获得了统治权,并于 1922 年建立了苏联(俄罗斯、乌克兰、白俄罗斯和外高加索苏维埃共和国的联盟)。1918 年,尼古拉二世和他的家人被布尔什维克党处死。

1924 年,列宁去世后,约瑟夫·维萨里奥维奇·朱加什维利，又名斯大林（"钢铁之躯"之意），于1927年成为共产党无可争议的领导人。第二年，他启动了扩大农业集团化规模和迅速发展工业的政策。苏联各地有数百万人死于饥饿，其中乌克兰有1000万人死于1932年~1933年的大饥荒。在1935年至1938年的大清洗运动中，斯大林为了消灭反对派，处决或流放"老布尔什维克"、知识分子、军官和其他数以百万计的人到古拉格劳改营。斯大林通过这些残酷的手段让国家变得更加强大，工业和农业产量迅速增长，直到苏联卷入第二次世界大战，尽管这次属于获胜方，但被战争摧残得满目疮痍。

墨索里尼和意大利法西斯主义

前小学教师兼退役军人贝尼托·墨索里尼，在二战前曾是一名极端的社会主义者，1919年，他组织了一场名为"战斗法西斯"（武力联盟）的运动。作为一场反社会主义、反资本主义的运动，法西斯主义者（这是他们后来的名字）以各种方式谋取权力，包括针对选举当局及其政敌的暴力行为。1922年，墨索里尼在罗马策划了黑衫军游行，并于1925年被任命为首相，获得了"领袖"称号。

墨索里尼以独裁的方式组织政府，并发起了一系列基本上不成功的政府倡议（比如"土地之战"），旨在对抗意大利的经济萧条和失业问题。其中许多计策都借助了媒体、广播和学校的广泛宣传，以造成法西斯主义的实力胜过民主和自由主义的错觉。

海外殖民为意大利殖民者创造了"生死攸关的空间",也是墨索里尼法西斯主义思想的关键政策(据称,意大利是罗马帝国及其领土遗产的继承者)——这些思想传播到欧洲,激发了德国的希特勒和西班牙的佛朗哥将军。1935年,墨索里尼入侵并占领了埃塞俄比亚。在第二次世界大战中,意大利是德国的盟国。1941年,英国军队最终将意大利赶出了埃塞俄比亚(以及厄立特里亚和索马里)。1943年,同盟国入侵意大利西西里岛后,墨索里尼被迫辞职。他入狱后,被德国伞兵解救出来,但在1945年,他又被意大利共产党游击队员抓获并处死。

希特勒和纳粹德国

阿道夫·希特勒出生于奥地利,"一战"前是个下士。1920年~1921年,他成为德国民族社会主义工人党(简称纳粹党)的领导人。希特勒拥有演说家的天分,在呼吁放弃《凡尔赛和约》的屈辱条款和德国领土扩张的政策时游刃有余。希特勒还将他的纳粹理念建立在反犹太主义和雅利安种族主义的信仰之上。

1922年,希特勒受到了法西斯主义在意大利崛起的影响。1923年,他在慕尼黑发动了一场政变(被称为"啤酒馆政变"),之后他被囚禁起来,直到1924年。在此期间,他写了一部半自传体的政治宣言《我的奋斗》。纳粹党的势力继续在其巴伐利亚基地以外扩张,他们承诺就业和民族自豪感,在华尔街危机之后的经济衰退和高失业率期间得到了蓬勃发展。

1933年，担任总理的希特勒在"长刀之夜"屠杀对手，并建立了一党专政政体。1934年，德国总统保罗·冯·兴登堡去世后，希特勒自封为德国元首。他在取缔了其他政党之后，建立了一个侵入性的警察机构，并完全控制了德国。接着，对犹太人的迫害也开始了：1935年的《纽伦堡法令》剥夺了犹太人的公民权，随后又没收了犹太人的财产；1938年犹太教堂被烧毁，犹太商店被洗劫，这一事件被称为"水晶之夜"（Kristallnacht）。

1936年，希特勒重新占领莱茵（《凡尔赛和约》明令禁止），并于同年与墨索里尼结成罗马-柏林"轴心国"同盟。英国和法国的不干涉政策（绥靖政策）使得希特勒于1938年吞并了奥地利，并开始零敲碎打地占领捷克斯洛伐克，所有这些都彰显出了希特勒对《凡尔赛和约》的藐视。

西班牙内战

在第一次世界大战结束到1936年之间，西班牙的政党和团体热衷于推翻政府，因此国内四分五裂。1931年，西班牙共和党迫使国王阿方索十三世流亡海外，并成功地建立了一个新的共和政府。在接下来的五年里，新政府面临着持续的骚乱、抗议和叛乱。

1936年，军方领导人和其他保守派人士针对新当选的左翼"人民阵线"政府发动了一场军事政变，没有成功，却引发了三年内战。佛朗哥将军控制了叛军（民族主义者），并赢得了意大利法西斯政权（派出军队、武器和装备）和纳粹德国（派出飞机和机组人员，以及坦克、大炮、教官和军事顾问）的支持。苏联以及欧美四万左右思想自由的外国志愿者为共和政府提供了援助，他们中有许多人认为，这是一场反对独裁主义的战争。

然而，意大利法西斯和纳粹德国的干预动摇了内战的平衡，民族主义者稳步占领了南北双方的领土。1938年，民族主义者将共和政府一分为二。1939年3月5日，共和政府被迫流亡。在接下来的一个月里，佛朗哥将军建立了一个法西斯独裁政权，直到1975年他去世。这是一场持续了将近三年的血腥战争，导致约100万人丧生（60万人战死），这个数据超过了持续更长时间的美国内战。

第二次世界大战

1939年9月1日，希特勒的坦克开进波兰西部，月末，苏联军队从东部进入波兰境内来援助。坦克纵队快速前进，步兵行动紧随其后，强大的空军掩护一波接一波（该战术称为"闪电战"），于是，9月27日，德国占领了波兰。两天后，英国和法国放弃了绥靖政策，对德国宣战。

接着，苏联占领了波罗的海诸国，并进攻芬兰。德国经过六个月的修整，于1940年4月入侵并征服了丹麦和挪威，然后向荷兰、比利时和法国挺进。德国装甲师在向法国海峡海岸猛冲时，切断了英国远征军与南部法国军队的联系。英国首相温斯顿·丘吉尔下令从敦刻尔克撤退，5月26日~6月4日，大约33.8万名英法士兵撤回英国。仅仅两周后，法国沦陷，落入了德国军队和贝当元帅领导的维希政府之手。贝当元帅曾是1916年法国凡尔登保卫战的英雄。

在法国沦陷后，希特勒对英国发动了轰炸攻势，但在不列颠之战（1940年7月~10月）中，遭遇了英国皇家空军的强烈抵抗，因此，希特勒对英国的入侵计划变得遥遥无期。尽管如此，1940年9月~1941年5月，持续轰炸英国城市的"伦敦大轰炸"仍在持续，造成约四万名平民死亡。

亲纳粹的罗马尼亚、保加利亚和斯洛伐克政府加入了"轴心国"同盟，1941年6月，希特勒在入侵苏联之前，征服了南斯拉夫和希腊。德军在大肆攫取领土之后，其主要进攻在斯大林格勒遭遇了苏联的强势防御。德国人到达了市中心，但苏联的大规模反攻把他们困在了城里，德国总司令于1943年1月投降。在这场战争中，德苏双方都有多达200万的军民伤亡。德国的战败，标志着德国入侵俄罗斯的结束，也是二战的一个重要转折点。

第二次世界大战结束

第二次世界大战的另一个关键转折点发生在1942年末，地点在开罗西北约150英里（约240公里）的埃及海岸的阿拉曼。英国将军蒙哥马利领导的同盟国联军，打败了隆美尔领导的德意联军，取得了对德国和意大利军队的决定性胜利，阻止了他们占领埃及并进军苏伊士运河。一个月后，英美军队在摩洛哥和阿尔及利亚登陆。1943年5月，"轴心国"部队在突尼斯投降后，英美军队控制了整个北非海岸线。

同时在海上，德国U型潜艇在大西洋之战中攻击同盟国商船，1942年平均每月击沉96艘船只。然而，到1943年，英国对德国密码机"英格玛"进行解密，获得了更好的雷达和情报，从而改变了护送船队的路线，避开了U型潜艇"狼群"。英格玛情报，代号为Ultra，为同盟国在北非、意大利和诺曼底的胜利中起到了至关重要的作用。

1941年，日本轰炸珍珠港后，美国加入了同盟国一方，也凭借雷达解密敌情，使得美国海军在1942年5月的珊瑚海战役（Battle of the Coral Sea）和随后一个月的中途岛战役（Battle of the Midway）中伏击并击败了日本舰队。1943年，美国在太平洋拥有了空战和海战的绝对优势，重新夺回了几个之前被日本占领的地方。1944年，英美陆军还收复了菲律宾和缅甸。

在欧洲，1942年5月~1945年5月，英美联军对德国城镇、城市、军区和工厂的战略轰炸造成了大规模破坏，特别是在汉堡、德累斯顿和柏林，75万~100万平民死亡。

1943年7月，同盟国军队占领了西西里，推翻了墨索里尼的统治，9月开始了对意大利本土的进攻。经过九个月的激战，同盟国军队占领了罗马。

1944年6月6日（诺曼底登陆日），15万人登陆诺曼底五处海滩，突破德军防线，最后于8月25日解放了巴黎。此后，同盟国军队横扫欧洲，在阿登高地的阿登战役（Battle of the Bulge）中伤亡惨重。1945年3月，同盟国军队进入德国，与苏联军队会合。4月30日，希特勒自杀身亡。1945年5月8日，同盟国军队接受了德国的无条件投降，宣布欧洲战场取得了胜利（史称"欧洲胜利日"）。

日本投降和犹太人大屠杀

1945年8月6日和9日，即"胜利日"三个月后，美国轰炸机向日本广岛和长崎投下了原子弹。大约17.5万名日本平民当场死亡，但后来还有许多人死于辐射中毒和烧伤。再加上苏联于8月14日对日宣战，迫使日本投降。

德国投降后，主要同盟国的领导人——斯大林、杜鲁门（1945年4月罗斯福去世后，他继任美国总统）和丘吉尔（丘吉尔和保守党在大选中落败后，艾德礼继任）——于1945年7月和8月在波茨坦会议上会晤。他们就德国赔款和划分四个同盟国占领区的条款达成了一致。

同年，联合国成立，以取代不给力的国际联盟。它的目的是确保世界各国之间的和平、安全与合作。在雅尔塔会议上，与会者一致同意，对1945年3月之前加入同盟国的国家开放成员资格。1946年6月，50个会员国签署了《联合国宪章》。

第二次世界大战中，有 5000 多万人[1]丧生，其中许多人（至少 3500 万人）是平民（其中 2000 万人来自苏联，450 万人来自波兰）。至少有 1000 万，也许多达 1700 万的平民死于纳粹党的蓄意谋杀，包括"犹太人大屠杀"期间，纳粹党对大约 600 万犹太人进行有计划的种族灭绝。在纳粹统治区，犹太人被转移到了"集中营"（1940 年华沙集中营有 6 万人死于饥饿或贫困）或"劳动营"。许多（犹太人和非犹太人）平民也在大规模枪击中丧生，随着纳粹于 1941 年和 1942 年进入东欧和俄罗斯西部，这种做法升级到了可怕的程度。

1942 年年初，纳粹领导人认为，犹太问题的"最终解决方案"是将犹太人送往"死亡"，其中六个"死亡营"是 1942 年在波兰建立的，里面有 150 万犹太人、苏联和波兰战俘、纳粹的政治对手、残疾人或精神病患者、同性恋者，以及从纳粹占领的欧洲各地运来的其他少数民族，他们最终的归宿是惨遭杀害。

美洲

"咆哮的 20 年代"、经济大萧条和罗斯福新政

"咆哮的 20 年代"是指美国许多城市在 20 世纪 20 年代经济繁荣发展并充满文化活力的时期。

---

1. 此数字应未包括中国在二战中死亡的军人和平民数。——译者注

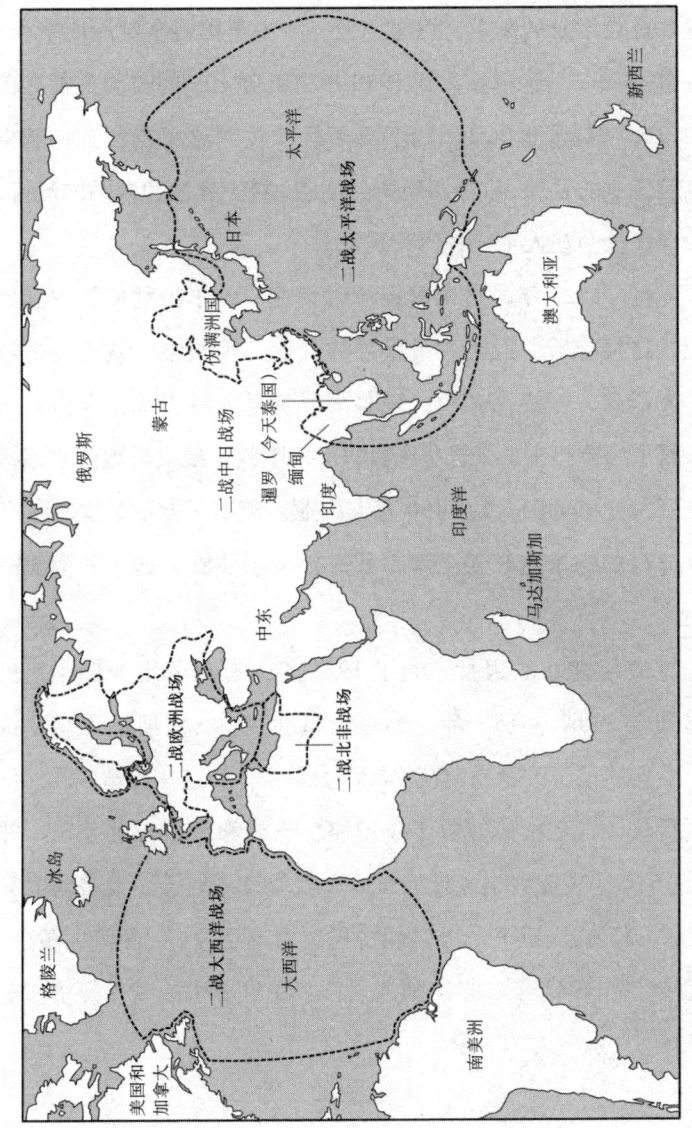

地理示意图 7　第二次世界大战主战场

随着家用电器的普及和用电量的翻倍,大规模生产满足了消费者日益增长的需求。汽车工业——由美国汽车制造商亨利·福特带头——飞速增长,到1930年,五分之一的美国人拥有自己的汽车(英国直到20世纪60年代才达到这个档次)。航空和建筑工业的发展,广播和电影的出现,爵士音乐和舞蹈的流行,都为现代社会注入了一种流行风潮。

可惜,1929年,这个繁荣的时代在"华尔街危机"中戛然而止,这标志着"经济大萧条"的开始。美国银行被迫要求收回欧洲贷款,并提高关税,随着国际贸易大幅下降,世界各国都受到了沉重打击。美国农作物的价格下跌导致农村地区贫困,数十万人无家可归,约1400万人失业。随着工业的衰退,工厂对原材料的需求也日益下降,从而影响了非洲、远东和南美的发展。

1930年存在的银行,到了1933年,有五分之一倒闭,失业率升至23.6%。那一年,新总统富兰克林·罗斯福承诺要推出一系列的经济改革来对抗"经济大萧条",这些改革叫作"罗斯福新政",包括修建数千条道路、学校和其他公共建筑,并于1935年为失业者引入社会保障和就业计划。美国经济暂时有所改善,但在1937年秋季,经济再次大幅下滑。"经济大萧条"一直持续到1941年,当美国加入第二次世界大战时,经济才有所好转。

拉丁美洲的发展

墨西哥独裁者波菲里奥·迪亚兹自 1877 年以来一直担任总统,他的第五次连任引发了 1910 年的墨西哥革命。这场革命又演变成了一场多方内战,导致了 200 万~300 万人(1910 年的墨西哥人口大约为 1400 万)丧生,并断断续续地持续到 1934 年。这场旷日持久的斗争导致了 1929 年国民革命党的成立,该党一直掌权到 2000 年,党内还涌现出了一连串的名人和领袖。

再说巴西,20 世纪 30 年代的"经济大萧条"导致该国的主要出口产品之一——咖啡的价格严重下跌(1900 年,巴西供应了全球 75% 的咖啡需求)。粮食短缺加剧和社会动荡导致热图利奥·瓦加斯于 1930 年夺取政权。在接下来的 15 年里,尽管他通过财政、教育和土地改革使巴西现代化,从而改善了穷人的生活条件,但他实际上是一个独裁者。

在拉丁美洲的其他地方,许多国家对美国带给它们的影响力越发不满。美属大型企业获得了秘鲁和墨西哥等地的油田开采权,并对当地的土地改革和国内事务施加影响。1924 年,秘鲁流亡者维克多·劳尔·哈亚·德·拉·托雷在墨西哥城成立了"美洲人民革命联盟"(简称 APRA),即著名的"阿普拉运动",旨在与美帝国主义作斗争,并统一美洲印第安人。

1933 年,秘鲁总统路易斯·桑切斯·塞罗被一名阿普拉支持者暗杀,导致了政府和阿普拉之间的冲突持续了五十多年。墨西哥与外界断绝了外交关系,墨西哥商品也遭到了别国的抵制，但墨西哥总统拉扎罗·卡德纳斯却不管不顾地接管了美国和英国的油井。第二次世界大战期间，石油是一种非常抢手的商品，墨西哥开始向纳粹德国和意大利法西斯出口石油。

大洋洲

澳大利亚联邦和新西兰自治领

1901年1月1日，澳大利亚的六个殖民地结成联盟，形成了"澳大利亚联邦"。一个一体化和经济增长的阶段开始了，联邦政府开始规划首都堪培拉的发展。虽然联邦法律优先于地方法规，但每个州都保留了自主权，联邦政府依然属于英国王室管辖（尽管多年来澳大利亚政府变得越来越独立）。1930年，欧洲血统的人口有340万，澳大利亚土著人口却下降到6.7万（1788年以前是100万），于是，政府开始将大部分土著人迁移到大保护区。

第一次世界大战期间，澳大利亚一直效忠于英国，与新西兰士兵一起组成了澳大利亚和新西兰军团。可是，"经济大萧条"严重打击了这个国家，许多澳大利亚人极度贫困，不过经济在迅速复苏。

1907年，新西兰在大英帝国内取得自治领地位（1901年拒绝加入新成立的澳大利亚联邦），到20世纪20年代，新西兰已基本实现自治。

"经济大萧条"严重影响了新西兰的经济，随后的社会困境导致了 1935 年首次工党政府选举，并引入了全面的福利制度。新政府还主张毛利人在住房和社会福利方面应和白人一样享有平等的权利。然而，在第二次世界大战期间，尽管大批的毛利人自愿参军，但还是被免除了兵役（大约 1.7 万人参加了战争）。1947 年，新西兰获得了完全独立。

地理示意图列表

地理示意图 1　古代帝国：非洲和中东（大约公元前 3500 年～公元前 60 年）　007

地理示意图 2　古代帝国：美洲和远东（公元前 3500 年～公元 900 年）　030

地理示意图 3　早期的欧洲帝国（公元前 336 年～公元 1453 年）　055

地理示意图 4　新的帝国和探索（1237 年～1857 年）　083

地理示意图 5　第一次世界大战前的领土疆域情况（1400 年～1912 年）　113

地理示意图 6　第一次世界大战前格局的形成与战后影响（1899 年～1922 年）　152

地理示意图 7　第二次世界大战主战场　165

参考书目

Ansary, Tamim, *Destiny Disrupted: A History of the World through Islamic Eyes*, PublicAffairs, 2010

Brazier, Chris, *The No-Nonsense Guide to World History*, second revised edition, New Internationalist, 2006

Davies, Norman, *Europe: A History*, new edition, Pimlico, 1997

Encyclopaedia Britannica (online edition: http://www.britannica.com/)

Gombrich, E. H., *A Little History of the World*, Yale University Press, 2008

Grant, Neil, *Oxford Children's History of the World*, new edition, Oxford University Press, 2006

Haywood, John, *The Ancient World: A Complete Guide to History's Great Civilizations from Egypt to the Roman Republic*, Quercus, 2010

Keen, Maurice, *The Pelican History of Medieval Europe*, Penguin, 1969

Kinder, Hermann and Hilgemann, Werner, *The Penguin Atlas of World History*, Volume 1, *From Prehistory to the Eve of the French Revolution*, updated edition, Penguin, 2004; Volume 2, *From the French Revolution to the Present*, Penguin, 2004

Roberts, J. M., *The Hutchinson History of the World*, Helicon, 1992

Somerset Fry, Plantagenet, *History of the World: From the Ancient Egyptians to the Asian Tsunami – the Ultimate Guide to the History of the World*, Dorling Kindersley, 2007

Townson, Duncan (ed.), *The New Penguin Dictionary of Modern History 1789–1945*, Penguin, 1994

Wright, Edmund and Law, Jonathan (eds), *Oxford Dictionary of World History*, second edition, Oxford University Press, 2006

索 引 [1]

Abbās I 84
Aborigines 99, 142, 177
Abū-Bakr 53
Abyssinia, see Ethiopia
Achaemenes, King 28
Achaemenians 28–9
Acre 80
Actium, Battle of 46
Adena 50
Aegean Sea Peoples 26
Afghanistan 11, 38, 58, 59, 87, 88, 92, 117–19
   Mongol savagery in 87
Africa 19, 45, 74, 75–7, 112–13, 158
   iron and silver in 35
   Europeans explore 112–13
   first farming societies in 12
   North, Islam spreads to 53, 60
   North, Justinian conquers 60
   rebellions in 145–6
   'Scramble' for 114–15, 145
   slaves from, see slavery
African National Congress 146
Akbar 92
Aksum 35, 51
Al-Andalus 75–6
Al-Azhar Mosque 55
al-Din, Safi 83
al-Mahdī, Abdullah 54
al-Ma'mun 54
al-Rashid, Harun 54
Alaska 139
Alexander III of Macedonia ('the Great') 14, 19, 20, 29, 32, 44–5
Alexandria 44
Alfonso VI of Spain 74
Alfonso XIII of Spain 167
Alfred, King 65
Algeria 55, 74, 82, 170
Almohad Empire 74–5
Almoravid Empire 74
Alp Arslan 79
America, British settlements in, 100

American Civil War 114, 140–1
American Revolution 136–7
Amorites 12
Anastasius 59–60
Anatolia 17, 25, 44, 45, 48
Andes 27, 70, 106
Angles 61
Angola 115
Antioch 44
Arabs 31, 32, 36, 39, 51, 64, 77
   and Islam, see Islam
   and numerals 54, 80–1
   in Palestine 148–9
   and slaves 78, 114
Ardashīr I 30
Argentina 104, 134
   independence of 139
Argos 30
Armenia 30, 31, 79, 86, 88, 135
Arsacid dynasty 29, 30
Aryans 21–2
Ashanti 111–12, 115
Ashikaga shōgunate 85
Ashoka 38, 39
Ashurbanipal, King 18
Asia Minor 17, 25, 79, 81
   Tamerlane invades 88
Assur 18
Assyria 14, 16, 18–19, 43
   Cyrus captures 28
   Israel taken by 32
   see also Syria
Atahualpa 105
Athens 29, 43–4
Attila 61
Attlee, Clement 173
Augustus/Octavian 46
Australia 109, 134, 135, 142–3, 177
   transportation to 142–3
   and WW1 158, 177
Austria 48, 83, 125, 126, 128, 129, 130, 132, 133, 136, 161
   Hitler annexes 168

---

1. 本索引页码为英文原书页码，原样保留。

and Triple Alliance 155
and women's suffrage 163
Austria-Hungary 136, 156, 158
and WW1 158, 160, 161
Austro-Prussian War 136
Avars 64
az-Zallaqah, Battle of 74
Azerbaijan 83
Aztecs 73, 102–4

Bābur 88, 92
Babylon 12, 14, 16, 17, 18, 19, 28, 32
Baghdad 53, 56, 78, 84, 88, 158
Balfour Declaration 148
Balkans 81, 135, 147, 156
Baltic States 169
Bantu 52, 77
barbarian migrations 59, 60–1, 64
Beaver Wars 107
Beijing 86, 91, 122, 150, 152
Belgium 130, 135, 163
    and WW1 156
    and WW2 169
Bengal 121
Benin 76, 111
Berbers 55, 74, 75
Berlin-Rome Axis 167
Berot 19
Bible 32, 33, 98
    see also Christianity
Bill of Rights 102
Bismarck, Otto von 136, 155
Black Death 86, 90–1, 94, 96, 106
Bolívar, Simón 138
Bolivia 70, 104
Bombay 119
Bonaparte, Joseph 138
Bonaparte, Napoleon 125, 129–30
Bosnia and Hercegovina 147
Boston Tea Party 137
Boxer Rebellion 150
Brazil 101, 106, 114, 134, 139, 176
Brest-Livovsk, Treaty of 164
Britain:
    and American Revolution 136–7
    Celts advance into 47

Christianity spreads in 62
Claudius conquers 47
in coalition against France 129–30
colonies and Empire of, see
    individual countries
and Russian expansion 133
and slave trade, see slavery
and Triple Entente 155
and union with Scotland 126
Viking raids on 65
and women's suffrage 162–3
and WW1 156, 161–2
and WW2 169, 170–1
see also England; Scotland; Wales
Bruce, James 112
Bruges 95
Buddhism 37–8
Bulgaria 147, 156, 160–1, 169
Bulgarian Empire 66–7
Bulgars 135
Burma 38, 171
Burton, Sir Richard 113
Byblos 19
Byzantine Empire 31, 54, 59–60, 82
    beginning of 47
    Carthage incorporated into 36
    end of 81
Byzantium 47
    Greek trading centres in 43

Cabot, John 106
Caesar, Julius 46
Caillé, René 113
Cairo 55
Calais 97
Calcutta 119, 121
California Gold Rush 139
Calvin, John 99
Canaan 17, 31
Canada 101, 106–7, 126, 134, 135
Cannae 36
Canton 122
Canute, King 64
Cape of Good Hope 116, 146
Cape Town 101
Cárdenas, Lázaro 176

Carolingian Renaissance 65
Carrhae, Battle of 30
Carthage 20, 35, 36, 45
Catherine the Great 125, 127
Caucasus 83, 117
Cavour, Count 135
Celts 47–8
Central America 26, 138
Cerro Colorado 49
Cerro, Luis Sánchez 176
Ceylon 38
Chaldea 16, 18
Champlain, Samuel de 107
Chandragupta I 39
Chandragupta Maurya 38
Ch'ang-an 56, 57, 58
Charlemagne 64, 65
Charles I 101
Charles II 102
Charles V of France 96
Chartists 132
Chavín civilization 27, 49
Chichen Itza 73
Chichimec 73
Chile 104, 138
China 22–3, 40–1, 54, 56–7, 58, 77, 91–2, 118–19
   and Black Death 90
   Buddhism in 38, 56
   Civil War in 152–3
   early civilization of 22–5
   first united empire of 40
   Forbidden City 91
   Great Wall of 40
   influence of, on Japan 57
   Islam reaches 53
   Opium Wars in 121–2
   Revolution in 151, 152
   Rome and India trade with 38
   and Sino-Japanese Wars 124, 151, 152, 153
   see also individual dynasties
Christianity:
   birth of 33–4
   Catholicism 69, 98–9, 101
   Constantine embraces 33–4, 59

   Great Schism within 68–9
   growth of 61–2
   Orthodox, in Russia 67
   Protestantism 98–9
   Zoroastrianism influences 29
   see also Bible
Churchill, Winston 169, 173
Claudius, Emperor 47
Cleopatra, Queen 46
Clive, Robert 119
Clontarf, Battle of 66
Clovis 64
Columbus, Christopher 100, 105
commerce, growth of 95–6
Communist Manifesto 132
Confucianism 23, 41, 118
Congo 115
Conquistadores 71, 72, 105–6
Constantine I 33, 47, 59
Constantinople 34, 47, 53, 59
   Arabs besiege 60
   and Crusades 80
   and Great Schism 68–9
   Ottoman conquest of 81
   Slavs lay siege to 66
   Vikings reach 66
Cook, Capt. James 142, 143
Córdoba 53, 74
Corinth 43
Cortés, Hernán 105, 106
Council of Constantinople 34
Council of Trent 99
Counter-Reformation 98–100
Crete 19, 23, 24, 25
Crimea 90, 133, 134
Cromwell, Oliver 101
Crusades 55, 65, 79–80, 95
Ctesiphon 30, 31
Cuba 105, 114, 138
Custer, Lt Col. George 140
Cuzco 104, 105
Cyprus 19, 24, 25, 53, 83
Cyrus II ('the Great') 16, 28
Czechoslovakia 136, 161

D-Day 171

da Vinci, Leonardo 98
Damascus 18, 53, 88, 158
Dampier, William 110
Danelaw 65
Danzig 95
Darius I 28–9, 30
Darius III 44
David, King 31
Decius, Emperor 33
Delhi 88, 92, 93, 118, 154
democracy, world's first 43
Denmark 99, 132
   and WW1 158
   and WW2 169
Dervishes 115, 145
Descartes, René 127
Dias, Bartolomeu 78
Díaz, Porfirio 175
Dido, Queen 35
Diocletian, Emperor 33, 47
domesday book 94
Dublin 65–6
Dunkirk 169
Dutch East India Company 101

East India Company 100, 119, 121
Ecuador 104
Edward III 96
Edward the Black Prince 96
Egypt 17, 28, 44–5, 129, 145, 147
   Alexander III invades 44
   Fātimids conquer 55
   Giza 13
   Greek trading centres in 43
   Islam reaches 53
   Middle Kingdom 13
   New Kingdom 14
   Old Kingdom of 12–13
   and Ottomans 81
   slow decline of 14
   Sphinx 13
   unification of 13
   Valley of the Kings 14
   weakening influence of 34
   and WW2 171
El Salvador 26

Elamites 12
Elizabeth I 107
Elizabeth I of Russia 125
Engels, Friedrich 132
England 61, 65, 135
   Civil War in 101
   and slaves 78
   see also Britain
Enigma machine 170
Enlightenment 126–7, 137, 138
Ephesus 29
Erasmus, Desiderius 98
Eritrea 166
Esfahān 84
Ethiopia 51, 112, 115, 145, 146, 147, 159, 166
Etruscans 41–2, 45, 63
Evans, Arthur 24

farming 48, 49, 130
   early, Africa 12
   early, Americas 26, 50
Fatima 54
feudalism 93–4
Fiji 144
Finland 125, 162, 169
Florence 95
Ford, Henry 174
France 61, 64–5, 126
   Arab armies enter 64
   Celts advance into 47–8
   colonies of, *see individual countries*
   and Crusades 80
   in Franco-Prussian War 137
   in India 119–21
   Islam reaches 53
   North American, Caribbean, Indian territories of 101, 106–7
   Protestant–Catholic war in 99
   in Queen Anne's War 126
   Revolution in 127, 128–9
   and slaves 78
   and Triple Entente 155
   and women's suffrage 163
   and WW1 156–7, 158, 160–1
   and WW2 169, 171

see also Frankish Empire
Franco, Gen. Francisco 166, 168
Frankish Empire 63–4
   and slaves 78
Franklin, Benjamin 127
Franz Ferdinand, Archduke 156
Frederick I Barbarossa 80
Frederick the Great 126, 127
French Guiana 134
French Indochina 152
French Revolutionary Wars 129
Fujiwara clan 58

Galilee 32, 33
Gallipoli 158
Gama, Vasco da 78
Gambia 112
Gandhi, Mohandas 153–4
Garibaldi, Giuseppe 136
Gaul 46, 61, 62, 64
Gauls 47, 61
Genghis Khan 86–8, 92
Genoa 82, 95
George III 137
Georgia 88
Germany 61, 95, 115, 126, 131, 144, 169
   in Africa 145–6
   Christianity spreads to 62
   and Crusades 80
   growing dominance of 136
   industry in 131
   Nazism in 166–7
   and Triple Alliance 155
   and women's suffrage 163
   and WW1 155, 156–60
   and WW2 168–74
Gettysburg, Battle of 141
Ghana 111
Ghana Empire 51, 74, 75
Ghazna 58
Ghaznavid Empire 58–9, 78
Ghent 95
Gibraltar 65
Glorious Revolution 102
Gobind Rai, Guru 93
Goths 60–1

Grant, Gen. Ulysses S. 141
Great Depression 174–5, 177
Great Northern War 125
Great Schism 68–9
Great Trek 116
Great Zimbabwe 76–77
Greece 25, 42–3, 45, 54, 133, 147, 161
   Carthage's conflict with 35
   Celts' trade with 48
   city-states of 43, 45
   Classical 25, 43
   Etruscans driven out of central Italy by 42
   and Peloponnesian War 43–4
   and Persian Wars 29
   Philip II conquers 44
   and slaves 78
   wide influence of 42
   Xerxes invades 29
Greenland 66
Gregory the Great 62
Guam 109, 139
Guanghzhou 152
Guatemala 70–1
Gupta Empire 38–9
Gutenberg, Johannes 98, 99

Hadrian, Emperor 47
Haile Selassie 147
Hamburg 95, 171
Hammurabi, King 14, 16
Han dynasty 40–1
Hankou 152
Hannibal 36, 45
Hanseatic League 95
Harold II 94
Hassan, Muhammad Abdullah 145
Hastings, Battle of 94
Hatshepsut 14
Hattusas 17
Hattusili I 17
Hawaii 109, 139, 142, 144
Haya de la Torre, Victor Raúl 176
Hebrews 31–2
   see also Israel
Heian 58

Henry V 96
Henry VIII 99
Hideyoshi, Toyotomi 85–6
Hindenburg, Paul von 167
Hinduism 21, 93
    Buddhism replaced by 38, 39
    caste system of 22
Hiram, King 31
Hiroshima 152, 171
Hitler, Adolf 166–7, 168–9, 171
Hittites 16–17
    collapse of power of 17, 26, 41
Holocaust 173–4
Holy Roman Empire 64–5, 99
Hong Kong 122
Honshu 57
huacas 49
Huari 69, 70
Hudson's Bay Company 101
humanism 97
Hume, David 127
Huna 39
Hundred Years War 96–7
Hungary 67, 81, 86, 132, 161
Hungwu 91
Huns 31, 56, 60, 61
Husayn 117

Iberian Peninsula 130
Iceland 66
Ieyasu, Tokugawa 86
Ife 76
Inca 104–5
India 38–9, 54, 56, 78, 116
    Alexander III invades 44
    Aryan invaders into 21–2
    British and French in 119–21
    'Golden Age of' 39
    independence of 153–4
    Islam reaches 53
    Mahmud attacks 58
    Mongol savagery in 88
    Mutinies in 121
    Northern, Genghis conquers 87
    partitioning of 154
    Portuguese 78

Rome and China trade with 38
    and Spanish flu 162
    Taj Mahal 93
Indonesia 109, 162
Indus 19, 20–1, 29, 37
Industrial Revolution 121, 130–1, 132
Inuit 106
Iran 28, 29, 30, 83, 90, 118
Iraq 11, 53, 83, 88, 90, 118, 148, 158
Ireland 48, 94, 132, 135
    Christianity takes root in 61–2
Iron Age 17, 48
Islam 32, 52–3, 147
    Abbasid caliphate 53–4
    Ayyubid caliphate 55
    birth of 52–3
    Fātimid caliphate 54–5
    'golden age of' 54
    Shi-ite vs Sunni 54–5, 87
    spread of 53–4
    Zoroastrianism influences 29
    see also individual empires
Isle of Man 48
Isma'il I 83–4
Israel 19
    Assyria takes 32
    as Canaan 17
    formation of 149
    Ten Lost Tribes of 18
    see also Hebrews
Istanbul 59, 81
Italo-Turkish War 147
Italy 25, 115, 129, 130, 168
    Austrians driven from 135–6
    Celts advance into 48
    and Crusades 80
    Etruscans in 41, 45
    Fascism in 165–6, 168
    Franks enter 61
    Huns rampage through 60–1
    Justinian conquers parts of 60
    Lombards driven from 64
    Renaissance emerges in 97
    Rome defeats settlers in 45
    and Triple Alliance 155
    and WW1 158

and WW2 170, 171
Itzcoatl 103
Ivan V 124

Jackson, Gen. 'Stonewall' 141
Jamaica 147
James I 101, 107
Jamestown 107
Jan III 83
Janszoon, Willem 110
Japan 41, 56, 85–6
   Buddhism in 38, 57
   Meiji restoration in 123–4
   rise of 151–2
   shoguns in 85, 123
   Taika reforms in 57–8
   and WW1 156, 158
   and WW2 170–3
   Yamato clan 57
Jefferson, Thomas 127
Jerusalem 31–2, 79, 80, 148, 149, 158
   temple in 28
Jesus 32, 33
Jews:
   diaspora of 32
   and Jesus 33
   Nazi persecution of 149, 167, 173–4
   Russian 135
   Torah of 32
   see also Israel; Zionism
Jiangxi 153
Joan of Arc 97
Jordan 55, 148, 161
Judaism 29, 32
Judea 32
Justinian I 60
Jutes 61
Jutland 61, 158

Kabul 92, 117
Kammu 58
Kangxi 118
Kashmir 38
Kassites 16
Kemal, Gen. Mustafa 148
Khosrau I 31

Kiev 95
Korea 38, 40, 41, 56, 92, 124
   Japan invades 85, 151
Kotoku, Emperor 57
Kublai Khan 87, 91
Kumasi 112
Kurdistan 84
Kush 9, 14, 34–5, 51
Kushana Empire 39
Kyōto 57, 58, 123

La Tène 48
Lahore 59, 118
language:
   Aztec 103
   Celtic 48
   Hindi 21
   Japanese 58
   Mayan 71–2
   Native American 103
   Sanskrit 21
   Slavic 66, 67
   Urdu 93
Latvia 125
Lawrence, T. E. 158
League of Nations 161, 173
Lebanon 19, 55, 90
Lee, Robert E. 141
Lenin, Vladimir 164
Leo III, Pope 64
Leo IX 68
Lepanto, Battle of 82, 100
Libya 55, 74, 147
Lincoln, Abraham 140, 141
Little Bighorn, Battle of 140
Livingstone, David 113
Lombards 61, 64
Long March 153
Louis XIV 101–2, 107
Louis XV 128
Louis XVI 128, 129
Louisiana 107, 139
Lübeck 95
Lusitania 160
Luther, Martin 98

MacAlpin, King Kenneth 65
Macedonia 29, 44, 45
Madinka 75
Madras 119, 121
Magellan, Ferdinand 100, 109
Maghreb 55
Magna Graecia 42
Magyars 66–7
Mahmud 58–9
Maji Maji Rebellion 146
Malacca 109
Mali 51, 75–6
Manchu dynasty *see* Qing dynasty
Manchuria 92, 119, 150, 172
Mao Zedong 153
Maoris 109, 143, 178
Marathon, Battle of 29, 43
Marie Antoinette 129
Marīnid dynasty 75
Mark Antony 46
Marne, Battle of 156
Marrakech 74
Martel, Charles 53, 64
Marx, Karl 132
Mary II 102
mathematics:
    decimal system, Guptas 39
    multiplication tables, Zhou
      dynasty 23
    and Pythagoras 43
    trigonometry, Islamic 54
Mauritania 51
Maurya Empire 38
Mawr, King Rhodri 65
Maya 26, 70–3, 103
Mayflower 108
Mecca 52, 53, 55
Medes 18, 28
Medina 52, 53, 55
Meiji 86, 123
Memphis 34
Meroë 34–5
Merovingian dynasty 64
Mesopotamia 11, 14, 16, 18, 31, 87, 158
Metternich, Prince von 130
Mexico 50, 69, 70, 71, 72–3, 102–3, 105, 106, 139
    independence of 139
    Revolution in 175
Mexico City 69, 103, 176
Michael Cerularius 68
Ming dynasty 87, 88, 91–2
Minoa 23–4
Mithridates I 29–30
Mithridates II 30
Mixcóatl 72
Moche 49
Mogollon 50
Mongol Empire 75, 86–7, 88, 95
Mongolia 119
Monte Alban 50
Montenegro 147
Montezuma II 103, 105
Montgomery, Gen. Bernard 170
Morocco 55, 74, 75, 115, 170
Mosul 84
Mozambique 115
Mughal Empire 88, 92–3, 117, 118, 119
Muhammad 52–3
Mursili I 17
Mussolini, Benito 165–6, 167, 171
Mutsuhito, Emperor 123
Mycenaeans 24, 25, 42

Nadir Shah 9, 84, 117, 119
Nagasaki 152, 171
Namibia 145
Nanak, Guru 93
Nanda 38
Nanjing/Nanking 91, 122, 152
Napoleon I *see* Bonaparte
Napoleon III 136–7
Napoleonic Wars 129
Nara 58
Natal 118, 148
Native Americans 103, 106, 108, 140
Nazareth 148
Nelson, Adm. Horatio 129
Netherlands 99, 109, 125, 130
    and slaves 78
    and South Africa 78, 116
    and WW2 169

New Caledonia 134
New England 100, 107
New France 106–7, 126
New Mexico 50, 139
New Spain 106
New Zealand 109, 142, 143, 162, 177–8
  and WW1 158, 177
  and WW2 178
Newton, Isaac 127
Nicholas II of Russia 164
Nigeria 52, 76, 111
Nightingale, Florence 134
Nile, Battle of 129
Nile valley 12
Nineveh 18
Nobunaga, Oda 85
Normandy 66, 170, 171
Normans 66, 80, 94
North America 50, 66, 100, 126
  European settlements in 101, 106–8
  expansion of 139–40
  mass migration to 134–5, 140
  slaves in, *see* slavery
  see also Canada; United States
Norway 162, 169
Nubia 13, 14, 34

Oaxaca 50
O'Higgins, Bernardo 138
Olmecs 26, 69
Oman 117
Omar, Caliph 53
Omayyad dynasty 53
Opium Wars 121
Orange Free State 116, 146
Oregon Treaty 139
Ormuz 84
Ostrogoths 61, 63
Otto I 67
Ottoman Empire 60, 81–3, 117, 133–4, 135
  dissolution of 147–8
Oyo 111

Pachacuti Inca Yupanqui 104

Paine, Thomas 127, 137
Pakistan 9, 11, 20, 38, 117, 154
Palestine 14, 16, 28, 78, 79–80, 148–9, 161
  Alexander III takes 32
  Islam reaches 55
  Muslim control of 32
  unification of 31
Pankhurst, Emmeline 163
paper, invention of 40, 54
Paracas 49
Paris, Treaty of 137
Park, Mungo 112
Parthians 19, 29–30, 45, 46
Pearl Harbor 152, 170
Pedro I of Brazil 139
Peninsular War 138
Persia 14, 18, 28, 43, 46, 54, 56, 58, 83–4, 117
  Abbas unites 84
  Alexander III invades 44
  Assyria ruled by 19
  Babylon invaded by 16
  Egypt conquered by 14
  Genghis conquers 86
  Islam reaches 53, 60
  Mongol savagery in 86–7
  and Ottomans 82
  and Persian Wars 29
  see also individual empires
Persian Wars 29
Peru 27, 49, 70, 104, 106, 139, 176
Pétain, Marshal Philippe 169
Peter I ('the Great') 124–5
Philip II of France 80
Philip II of Macedonia 44
Philip II of Spain 99–100
Philip V of Spain 125, 126
Philip VI of France 96
Philippines 109, 139, 171
Phoenicia 19–20, 35
Phraates III 30
Pilate, Pontius 33
Pisa 95
Piye, King 34
Pizarro, Francisco 105

Poland 86, 125, 130, 161
  and women's suffrage 163
  and WW1 157
  and WW2 168, 173
Polo, Marco 87
Portugal 78, 100–1, 109, 115, 130
Potsdam Conference 173
printing 56, 98, 127
Prussia 125–6, 127, 128, 136
Ptolemy 45
Puerto Rico 138, 139
Punic Wars 35–6, 45
Punjab 39, 59, 93
Puritans 101, 108
Puyi 151, 152

Qadesh 17
Qianlong 118–19
Qin dynasty 40
Qing dynasty 92, 118–19, 121–3, 150, 151
Quebec 107
Queen Anne's War 126
Qur'an 52

railways 124, 131
Raleigh, Walter 107
Rameses II 17
Rameses III 14
Reformation 98–9
Renaissance 97–8
Rhodes 28
Rhodes, Cecil 116
Richard I 80
roads:
  Assyrian 18
  growth of, in Britain 131
  Inca 104
  Roman 45, 46
Robespierre, Maximilien 129
Roman–Parthian Wars 30
Romania 61, 67, 135, 147, 156
Romans:
  Assyria ruled by 19
  and Battle of Carrhae 30
  Christianity becomes religion of 34, 59
  Egypt conquered by 14
  and Hannibal 36
  India and China trade with 38
  and Punic Wars 35
  and Sāssānids 31
Rome 172
  Celts sack 47
  empire of 46–7
  Empire of, Eastern, *see* Byzantine Empire
  founding of 41, 42
  and Great Schism 68–9
  republic of 45–6
  sack of 60–1
Rommel, Gen. Erwin 170
Romulus 42
Romulus Augustulus, Emperor 47
Roosevelt, Franklin D. 173, 175
Rousseau, Jean-Jacques 127
Rozvi Empire 77
Russia 66, 67, 86, 117, 125–7, 133–4
  Christianity spreads to 62
  Jews from 135
  Napoleon attacks 130
  Revolution in 163–4
  rise of 124–5
  and Triple Entente 155
  US buys Alaska from 139
  and women's suffrage 162
  and WW1 156, 157, 164
  and WW2 168–9
  see also Soviet Union
Russo-Japanese War 124, 150, 163
Russo-Turkish War 133

Safavid Empire 81, 83, 117
Saladin 55, 80
Samanid Empire 58
Samnites 45
Samoa 109, 144
San Martin, José de 138–9
Sargon II 18
Sargon of Akkad 12
Sāssānid Empire 30–1, 32, 39, 47, 53
Saudi Arabia 55

Saxons 61
Scotland 48, 62, 65, 94, 126, 135
　　see also Britain
Seacole, Mary 134
Sebüktegin 58
seismograph, invention of 40
Seleucid Empire 29
Seleukos 39, 45
Selim I ('the Grim') 81, 84
Serbia 136, 147, 156, 161
Seven Years War 107, 126
Seville 74
Sèvres, Treaty of 148
Shaanxi 152, 153
Shabaka, King 34
Shah Jahan 92, 93
Shaka 116
Shang dynasty 22–3
Shanghai 122, 152
Shāpūr I 31
Sherman, Gen. William 141
Shinto 57
Shona 77
Sicily 25, 35, 55, 136, 166, 171
　　Greek trading centres in 43
　　Islamic rule in 53
Sidon 19
Sikhism 92–3
Silk Road 29, 40, 46, 56, 87
Sino-Japanese Wars 124, 151, 152, 153
Siraj ud Daula 121
slavery/slave trade 36, 43, 67, 76, 77–8, 106, 108, 111, 112
　　abolition of 91, 113–14, 115, 116, 140
Slavs 64, 66–7
Smith, Adam 127
Somalia 145, 166
Song dynasty 57, 87
Songhai Empire 75–6
Sonni 'Ali 75
South Africa 115, 116, 146
　　and WW1 158
Soviet Union 163–5, 168, 169, 173
　　see also Russia
Spain 35–6, 125, 126, 129, 130, 166
　　Arab armies enter 64
Celts advance into 48
Civil War in 167–8
Islam reaches 60
Islamic rule in 53
Muslim, Almohads seize 74
　　see also Conquistadores
Spanish-American Wars of Independence 138–9
Spanish flu 161–2
Sparta 43–4
Speke, John Hanning 113
Sri Lanka 38 see also Ceylon
Stalin, Joseph 164–5, 173
Stephenson, George 131
Sudan 34, 145
suffrage 132, 146
　　women's 162–3
Sui dynasty 56, 57
Suleiman 81–2
Sumeria, Sumer 11–12, 16
Sun Diata 75
Sun Yat-Sen 151
sundial, invention of 40
Suppiluliumas, King 17
Susa 29
Suyra 22
Swahili 52, 76–7, 91, 146
Sweden 99, 125, 126
Switzerland 99, 132, 156, 163
Syracuse, Greek trading centres in 43
Syria 12, 14, 16, 17, 18, 19, 24, 25, 31, 44–5, 53, 55, 78, 80, 81, 88, 90, 148, 158, 161
　　Islamic centre 53
　　and Ottomans 81
　　see also Assyria

Tahiti 109, 142, 144
Tahmasp II 117
Taiping Rebellion 119, 121–2, 150
Taishi, Shōtoku 57
Taiwan 119, 124, 151
Tamerlane 88, 92
Tang dynasty 9, 56–7, 58, 78
Tannenberg 157

Tanzania 146
Tarquinius Superbus 42
Tasman, Abel 109
Tasmania 109, 142
Tenochtitlán 103–4, 105
Teotihuacán 69–70, 71, 72, 73
Thailand 38
Thebes 43
Theodosius II 59–60
Thirty Years War 99, 102, 125
Thousand and One Nights, The 54
Tiahuanaco 69–70
Tianjin, Treaty of 122
Tibet 56, 57, 119, 150
Tikal 71
Timor 109
Timurid dynasty 88
Togoland 158
Tokyo 86, 123
Tollan 72–3
Toltec 70, 72–3
tombs, *see* graves and tombs
Tonga 109, 144
Topiltzin 72, 73
Torah 32
  see also Judaism
trade 100–1
Trajan 47
Transvaal 116, 146
Truman, Harry S. 173
Tughril Beg 78
Tu'i Kanokupolu dynasty 144
Tunis 36, 147
Tunisia 20, 35, 54, 55, 74, 170
Turkey 16, 17, 19, 28, 29, 90, 133, 147–8, 158
  north of China invaded by 56
  and WW1 160, 161
  see also Ottoman Empire
Turkistan 119
Turks, Ottoman 60, 79–81, 125, 133, 158
Turks, Seljuk 59, 78–9, 81
Turre, Mohammed 76
Tutankhamun 14
Tyre 19, 20, 31, 35, 44

Ugarit 19
Ukraine 165
United Nations 149, 173
United Provinces 129
United States 102, 114, 127, 137, 139–41, 144, 160
  'New Deal' in 174–5
  and Spanish flu 161–2
  and women's suffrage 162
  and WW1 156, 160–1
  and WW2 170–3
  see also North America
Ur 11, 12
Urban II, Pope 79
Utrecht, Treaty of 126
Uzbeks 84

Valerian 31, 47
Valley of the Kings 14
Vandals 60, 61
Vargas, Getúlio 176
Vedas 21, 22
Vedic Age 21–2
Venezuela 138
Venice 82, 83, 95
Verdun, Battle of 157, 169
Versailles, Treaty of 161, 166, 167
Vicksburg, Battle of 141
Victoria Falls 113
Victoria, Queen 113, 121
Vienna, Congress of 130, 135
Vietnam 40, 41
Vikings 65–6, 67, 106
  and slaves 78
Virginia 100, 107, 137, 141
Vishnu 22
Visigoths 53, 61
Vladimir, Prince 67
Voltaire 127

Wales 48, 62, 65, 94
  see also Britain
Wall Street Crash 9, 167, 174–5
Wars of Spanish Succession 125–6
Washington, George 137

Waterloo, Battle of 130
Watt, James 131
weapons:
    Assyrian innovation in 18
    battleships 155
    bronze 17, 23
    gunpowder 86
    iron, first 17
    longbow 96
    siege engines 18
West Indies 100, 101
William I ('Conqueror') 94
William I of Germany 136
William III 102
World War, First 136, 148, 151, 154, 156–61, 163, 164, 177
World War, Second 149, 152, 166, 168–74, 175, 176, 178
Wounded Knee 140
writing:
    Arabic numerals 39, 54, 80–1
    Chinese 22–3
    cuneiform 11–12, 17, 18
    of Etruscans 41
    Greek 25, 41, 43
    hieroglyphics 13, 71–2, 103
    of Indus 21
    of Kushites 35
    Linear A 24
    Mayan 71–2
    Minoan, converted into form of Greek 25
    and moveable type 56
    Phoenician 43
    pictures 103
    Slavic 67
    on tortoise shells 22–3
Wuchang Uprising 151

Xerxes 29
Xhosa 116
X-ian 56

Yemen 55, 80
Ypres 95,
    Battles of 156–7
Yugoslavia 161, 169

Zākros 24
Zapotec 50
Zheng He 91
Zhou dynasty 23, 40
Zhu De 153
Zionism 148–9
Zoroastrianism 29, 31
Zulus 115, 116

文明从远古走来，一直来到你的身边……
——《世界文明 5000 年》出版后记

  手机不离手的现代人不论身处世界何地，凭着那无往不利的高科技卫星导航定位系统，马上就可以知道自己身处世界的哪一个地方，并且可以把这一位置与别人共享，也可以利用手机上的社交软件在世界上的任何一个地方找到自己的熟人或与自己有共同兴趣爱好的人——这是现代人空间上的优越感。那么，时间上呢？每一个个体的现代人知道自己处于世界文明上的哪一点？哪一个时段吗？这本书就解决这样的问题，它以极压缩的篇幅（可能是到目前为止最精要、最简略的）向你介绍了到目前为止的人类文明的脚步走到了哪里、曾经走过什么地方，以及你现在所处的文明社会在历史上是一个什么样的地位，它现在又发展到了何种程度……

  这样，下次你出行时，凭着这本书上的知识，你就不但可以知道自己在空间上处于世界上的什么位置，还可以知道自己在时间上处于什么阶段。人类文明来来去去，有的文明曾经繁盛一时，但却如风一样突然飘散，不留一点痕迹；有的文明由于过于沉迷浮华享受或文化的堆积建构，忽略了尚武或勇力的一面，当有强悍的外族入侵时几无招架之力而被轻易征服或直接被灭绝，只留下一片片的遗迹和故址，供我们后来的旅行者凭吊和咏叹……

这本书的英文原名是 *The History of the World in Bite-sized Chunks*。它从公元 3500 年前的美索不达米亚平原上的两河流域开始，以极简略的语言向我们展示了人类文明到 20 世纪二战结束时的发展轨迹和历程。要说明的是，本次中文译本中，凡涉及中国的历史朝代、历史人物和事件等的起始年代，我们均按中国现行的权威表述做了更正；中国以外的均从原书说，仅代表作者个人观点。

公元前的 3500 年加上公元后的 2000 年，一共是 5500 年，差不多就是人类文明有文字记载以来的全部家当了。这本书中的每一句话都是一本大书的题材，但要在一本薄薄的小册子里讲完人类历史，也只能以如此简略的方式了。所以，如果把人类历史上曾经有过的文明比作一座座建筑的话，那这本书就只是简单的骨架和线条，而完全没有任何细节——而历史真正打动人的地方可能正是那些让人眩目惊心的细节——比如我华夏文明史上的"霸王别姬"，又比如波斯帝王薛希斯率领大军跨过希腊的领土时突然潸然泪下，感叹起人生的命运无常。所以，如果这本书的某段历史打动了你，使你生起进一步了解的兴趣，那你千万不要有任何迟疑，请马上搜索相关书目进行进一步的阅读。如此，作为本书的出版者，我们会露出会心的微笑……

  我们最后想说的是，我们中华文明作为人类历史上最古老且又连绵不断的一种文明，实在是值得大书特书的。另外，本书付梓之际，人类文明因为疫情的原因，又受到前所未有的挑战——本书只写到二战结束时的1945年，那直到现在的世界局面想必读者诸君已然有了自己的体认和了解，各位可以凭着自己的立场勾勒出这短短的还不到100年的人类现代史的最新进展状况——能如此，不亦乐乎？

本书策划人 申明